KB074689

숲의
즐거움

우석영 철학 산문

에이도스

나는 나무가 서 있는 강둑으로 가서는

가면을 벗고 알몸이 될 거야

나 자신과 만나는 일에 난 지금 미쳐 있어

월트 휘트먼, 〈나 자신을 위한 노래〉

*

우리는 우주에 대한 이해를 통해서만

우리 자신을 이해할 수 있으며

저 위대한 생명의 공동체 안에서만

우리의 본래 역할을 알 수 있다.

토머스 베리, 『황혼의 사색』

| 차 례 |

야수파 화가 앙리 마티스(Henry Matisse)는 노년기에 숲을 자주 찾았다. 그는 숲에서 나무 그리기에만 매진했는데, 숲길 한구석에 화구(畫具)를 놓고 나무를 그리고 있는 이 프랑스 노인을 찍은 사진이 퍽이나 인상적이다.

작품과 명예, 이 모든 것을 이룬 사람의 마지막 빈 구석.

숲과 나무는 그 빈 구석을 채워주고 있었다.

마티스처럼 나무를 그리기 위해서는 아니지만, 나 역시 자주 숲을 찾아가며 산다. 도시를, 나라를 옮기며 살아왔지만 어디서든 숲 근처에 집을 구했는데, 달리 생각해보면 그만큼 숲이 중요했던 셈이다. 대체 왜 그랬을까?

내가 숲을 늘 찾았던 까닭은 숲이 지닌 집의 느낌 때문 아니었을까. 모두의 집인 숲. 내게는 이곳이 마음의 고향처럼만 여겨진다. 모두의 집이기에 조심하게 되지만, 마음의 고향이기에 방심하게도 된다. 조심(操心)은 움츠리는 마음이고 방심(放心)은 펴는 마음이어서, 우리는 숲에서 조심조심 거닐게 되면서도 마음만은 방대해진다. 숨을 고를수록, 발걸음을 늦출수록, 우리 자신이 내면의 고요를 회복할수록, 숲과 우리 자신이 거대해진다. 때로는 오직 우주만이 그 자리에 있다. 그 순간만큼은 내가 나라고 여겼던 것은 어디론가 사라지고, 나는 누군가를 담는 그릇으로 바뀐 것만 같다.

✿

숲은 미술관이다. 화가처럼 숲에 사는 녀석들은 속임수에 능하다. 속이기, 숨기, 숨겨 놓기, 아닌 척 딴청부리기라는 분야에서 이들을 따라갈 자가 이 우주에 다시없다. 숲과 자연에 관한 생태적 앎과 생태적 상상력이 우리의 숲길 산책에 동반되어야 하는 까닭이다.

많은 수의 작품이 전시된 미술관을 단 몇 분 만에 다 보고 나오는 사람을 상상해보자. 사실 우리는 숲에서 이런 사람이 되곤 한다. 또는 신체의 건강을 위한 '야생의 피트니스 클럽' 같은 곳으로 숲을 대하곤 한다. 어느 쪽이든 간에 숲과 사귄

다고 말할 수는 없다. 좋은 숲에 들고서도 숲에 머물러 숲과 교감할 줄 모른다면, 다 빈치의 〈모나리자〉 앞에 홀로 있어도 그 시간이 얼마나 귀한 시간인지 모르는 사람과 같은 게 아닐까.

숲은 서두르기에는 너무나도 아까운 곳이다. 숲에선 어린이가 되어야 하고 느림보가 되어야 한다. 어슬렁대며 바라보고 기록하기 가장 좋은 장소가 바로 숲이다. 숲을 찾아갔다면, 비밀의 단서를 찾아보라는 숲의 주문에 응답해야 한다.

❀

숲은 우리의 오래된 미래이기도 하다. 우리가 바라는 미래의 풍속이 숲에는 깃들어 있다. 모든 것이 순환하기에 폐기물(waste)이 발생하지 않는 자족의 시스템이 숲이고, 시간이 지나면 생물다양성이 저절로 풍부해지고 회복되는 곳이 숲이다. 또한 숲은 지구의 5대 생물군 모두가 조화롭게 밀생하는 곳이기도 하다. 숲이야말로 공생의 땅, 친교의 나라가 아닐까.

숲에 공생과 친교의 풍속이 깃들 수 있었던 몇 가지 까닭이 있다. 뭍에 처음 살기 시작했던 최초의 육상 식물들에게

뭍은 무시무시한 장소였다. 어떻게 물을 보존할까? 절체절명의 문제였다. 이들은 균류와 공생하는 길을 찾아냈는데, 이로써 물을 간직하는 기술을 터득할 수 있었다. 처음부터 식물과 균류가 공생했기에 숲이 시작될 수 있었다.

육상에 풀과 나무가 번성하며 숲을 이루게 되자 이들이 내뿜는 기체가 지구 대기환경을 바꾸기 시작했다. 그리고 그 결과 더 다양한 동물들이 살아갈 수 있는 조건이 마련되었다.

숲의 주인들은 융기한 땅인 산까지 타고 올라가며 산을 산림으로 바꾸었다. 이렇게 되자 계곡과 강줄기를 타고 흐르는 지구의 물순환 운동에 효율성이 배가되었다. 이제 숲은 탄소와 산소 같은 기체의 순환만이 아니라 물 순환에도 강력한 힘을 발휘했다.

한편, 어떤 식물들은 씨를 꽃 안에 감추어두는 전략을 구사하기 시작했다. 속씨식물(꽃식물)이라 불리는 이들은 일부 곤충들과 밀약을 맺어 자기들의 번성을 도모했는데, 그러면서 양쪽은 함께 진화해갔다. 공생이 진화의 동력이 됨을 보여준 대표적인 케이스였다.

숲에 들어 고상한 운치를 즐기며 허정허정 거닐다 보면 우리 자신도 숲처럼 넉넉해지고 청신(淸新)해져 건강한 심신으로 회복된다. 하지만 그게 다는 아니다. 숲은 우리가 만들어 가야 할 미래의 풍속을 배울 수 있는 곳이다. 오늘날 숲은 상처투성이지만, 행복으로 가는 비밀의 길은 여전히 숲에 있다.

❁

　이 책은 위에서 말한 '숲 산책의 약효'를 다루고 있다. 그러나 주의하자. 숲 산책의 약성이 이렇게 강하니, 숲을 영혼의, 몸의 약으로 활용하자는 이야기는 아니다. 어색하게 들릴지도 모르지만, 숲과는 사귀어야 한다.

　재미있는 것은 숲과 정말로 사귀는 사람은 그 사귐의 시간에 반드시 자기 자신과도 사귀게 된다는 사실이다. 어떤 순일한 마음이 내외(內外)를 관통하기 때문이다.

　숲에는 누군가가 우리를 기다리고 있다. 숲의 식구들이 그리고 지구가, 지구의 문법이, 지구의 신음이, 우리의 책임이, 우리의 미래가 우리를 기다리고 있다. 그리고 또 우리를 기다리는 이가 있다. 때로는 감격에, 때로는 영감에 조용히 마음 설레는 우리 자신이다.

01

숲은 이야기다

바위 위에서 고요히 폭발하는 이끼는
사방으로 번져
잿빛 동심원 무늬의 이끼 군락이 된다.
기억 속 이끼는 그대로인데
이들은 달무리를 닮기로 작정한 모양
엘리자베스 비숍

산

산을 숲(산림)으로 이해하는 사람들이 많지만, 산은 개념상 숲과는 전혀 관련이 없다. 산은 지구의 지각 판들의 충돌로 솟구쳐 오른 땅을 뜻하기 때문이다. 이제껏 산과 숲을 같은 것으로 이해하고 있었다면, 당신은 칠레의 파이과노(paihuano)나 티벳의 카일라스(kailas) 산에 가 보아야 한다. 또는 안데스 산맥에 있는 코토팍시 산이나 카라코람 산맥, 히말라야 산맥의 산들 그리고 '녹엽'이라곤 찾아보기 어려운 민둥산을 만나봐야 한다.

녹색이라곤 전무한 이 풍경에 숨이 막힌다면, 아일랜드 서부의 마요 카운티(mayo county)를 방문해보는 것도 좋을 것이다. 나무는 없고 풀만 있는 산과 구릉 앞에서 당신은 임산(林山, 숲이 있는 산)이 얼마나 특별한 산인지를 비로소 알게 될 것이다.

산은 지구의 판구조 운동의 산물이다. 페름기(2억 9900만 년 전~2억 5200만 년 전)에 세계의 대륙들이 하나의 판, 즉 판게아로 뭉치며 대규모 지구환경 변화를 가져왔다. 페름기가 끝나고 쥐라기(2억 100만 년 전~1억 4500만 년 전)가 찾아오자, 판게아가 분열된다.

지금과 같은 대륙의 형상으로 바뀐 것은 에오세(5600만 년 전~3400만 년 전)로, 이때 남극에서 남아메리카와 오스트랄라시아가 쪼개져 나왔다. 또한 이 시기에 히말라야 산맥, 안데스 산맥, 로키 산맥, 티베트 고원 등이 융기하여 지구의 거대 산맥들을 형성했다. 지구 육상의 거인들인 이 거대한 산들은 판구조 운동을 해온 지구를 표상한다.

판구조 운동으로 솟은 땅인 산은 봉우리와 능선, 수원(水原)과 계곡과 강, 때로는 풀과 나무, 여러 다양한 생물들을 거느리며 지구의 물 순환 체제(water regime)의 운동에 막대한 역할을 한다. 산과 바다는 이 물 순환 체제의 두 축으로, 지구의 두 축인 남극과 북극처럼 서로 조응하고 있다.

이처럼 산은 지구의 디자인 능력이 돋보이는 공간이다. 산은 "하늘의 별처럼 우연히 던져진 것"이 아니라 "전체적 배열의 기본 요소들을 찾을 수 있는 시스템을 형성하고" 있다.[*]

이 시스템은 때로 숲을 거느렸다. 아니, 밀생하는 나무들이 이 시스템마저 점령하자 산과 숲의 경계가 흐릿해졌다.

---

[*] 쥘 미슐레, 『바다』, 정진국 옮김, 새물결, 2010, 45쪽. 번역은 필자가 일부 수정

숲

숲이란 무엇일까? 숲이란 단어는 '수풀'이라는 단어에서 왔다. 아마도 수풀은 '수(樹)'와 '풀'을 합성한 단어일 것이다. 그렇다면 나무와 풀이 많으면 곧 숲일까? 이 문제에 대한 해답을 우리는 국제연합식량농업기구(FAO)의 숲 정의에서 찾을 수 있다. "숲지붕(수관)으로 덮인 부분의 비율이 전체의 10퍼센트 이상이고 전체 면적이 0.5헥타르 이상인 토지. 나무들이 원위치에서 다 자랐을 때 최소 5미터에 이를 수 있어야 한다." 하지만 FAO는 숲지붕의 밀도가 전체의 10퍼센트 이상이 되지 않은 곳도, 아직 5미터에 이르지 못한 나무들이 모인 곳도

숲이라 불러야 한다고 본다.* 그러니까 키 큰 나무들이 0.5헥
타르 규모(한쪽이 50미터, 다른 한쪽이 100미터)의 땅에 군집하
고 있다면 숲이라 봐야 한다는 것이다.

우리는 숲 하면 나무의 나라를 떠올리지만, 숲은 나무의
나라만은 아니다. 이것이 지구의 독특함이고 축복이다. 군집
생활을 하는 키 큰 나무들은 풀과 버섯류(균류)를, 이끼(선태
식물)를 불러들이고, 달팽이, 들쥐, 다람쥐 같은 작은 동물들
과 각종 곤충, 거미류 그리고 도롱뇽 같은 작은 파충류들도
불러들였다. 그리고 이들이 찾아오자 새들이 깃들었고, 새들
이 오자 여우와 오소리, 너구리, 구렁이 같은 녀석들도 먹이
를 찾아 나타났다. 이들 생명체들이 이곳에서 죽으면, 사체를
먹으려는 녀석들인 균류가 번성했다. 이렇듯 숲의 정체성은
여러 구성원을 품고 있다는 데 있다.

숲은 다(多)세계의 총합이다. 40조 개에 육박하는 박테리
아(박테리움들)가 공생하고 있고 30조 개가 넘는 세포들로 구
성된 우리 몸이 일종의 '다세계'의 총합이듯, 숲도 그러하다.

다세계인 숲은 자족적인 하나의 시스템이라는 점에서 단

---

* 자부리 가줄, 『숲』, 김명주 옮김, 교유서가, 2019, 44쪽에서 다시 볼 수 있다.

일 세계이기도 하다. 그러나 숲은 숲바닥 아래의 대지(earth)라는 거대한 땅과 숲지붕 위의 대기(atmosphere)라는 거대한 허공에 연결되어 있고, 이들은 시시각각 서로서로 영향을 주고받고 있다. 숲에서는 다세계성이 단일세계성을, 개방성이 독자성을 잠식하고 있다.

꽃 무늬 장식

숲은 군생지다. 숲은 군생체(群生體)인 산호(珊瑚, coral)를 닮았다. 언뜻 산호는 하나의 개체처럼 보인다. 무수한 폴립(polyp)들은 산호라는 개체의 피부를 이루는 조직처럼 보인다. 그러나 부분처럼 보이는 폴립 하나하나가 모두 대사활동을 각기 하는 개별 유기체다. 그러니까 강장동물에 속하는 이들 폴립은 같은 지지기반에 몸을 부착하고서 군생하고 있는 것이고, 이 군생의 덩어리를 우리는 '산호'라고 부른다.

숲 속 군생에는 효과가 있다. 이를테면 숲 속 나무들은 들판에 홀로 서 있는 나무보다 폭풍에 살아남을 확률이 훨씬 높다. 그뿐 아니라 나무들은 함께 땅을 붙들고 있기에 땅을 견고히 하며(그래서 땅이 무너지는 사태를 막아준다), 지하에서는 많은 뿌리들이 함께 물 분자를 붙들어(이 능력을 보수력(保水力)이라 부른다) 홍수를 밀막고, 다양한 동식물을 품어 숲의 생물다양성을 높이고(생물다양성이 높다는 건 먹이가 풍부하다는 뜻이다) 결국 서로의 생존력을 강화한다. 이처럼 숲은 여러 삶의 주체들이 각자의 삶을 공생의 문법 속에서 살아가고 있다. 즉, 하나의 커뮤니티로서만 숲은 존재하고 있다. 숲은 숲 식구들 모두의 집인 것이다.

숲은 미술관이다

숲은 숨어 있다. 숲은 은폐에 능하다. 숲은 우리에게 언제나 비밀스러운데 이는 우리의 육안에는 잘 보이지 않고 우리의 오감으로는 거의 감지되지 않는 생물들과 생명의 여러 현상이 숲에 가득 차 있기 때문이다.

　겨울이 와도 잎을 떨구지 않는 떡갈나무. 떡갈나무에 집을 만들어놓은 부엉이, 딱정벌레와 나무노린재, 떡갈나무를 오르는 달팽이, 방문자인 나방과 하늘소, 이들을 잡아먹으려고 조금 있으면 찾아올 곤줄박이, 나무 아래쪽에 집터를 만든 버섯 그리고 뿌리에 사는 균근균, 그 주변에 사는 개미들… 이러한 보이지 않는 것들이, 보이는 것들을 압도하며 숲을 점령하고 있다.

미술 작품 역시 작가나 미술비평가 같은 전문가의 설명과 함께 해야만 비로소 눈에 보이는 것들이 많다는 점에서 숲과 비슷하다. 비밀로 가득한 미술관과 비밀스러운 생물 박물관인 숲.

숲은 식물 미술관이다. 식물이 주인 행세를 하는 하나의 소우주가 오늘 우리가 만나는 숲이기 때문이다. 예전에는 동물도 많이 볼 수 있어서 생물 미술관이었지만, (원시림이 아니라면) 동물과의 만남이 점점 어려워진 오늘날의 숲은 식물 미술관이 되어 있다.

풀과 나무와 숲을 그린 멋진 미술작품들이 부지기수이고, 나는 그런 작품들을 남긴 이들을 사랑하지만(이를테면 폴 세잔, 반 고흐, 앙리 마티스, 앙드레 드랭, 폴 시냑, 피에르 보나르, 모리스 드 블라맹크, 모이제 키슬링, 아르망 기요맹, 존 내쉬…) 풀과 나무라고 한다면 2차원의 세계인 화폭이나 컴컴한 미술관보다는 3차원의 밝은 숲속에서 오감관을 한껏 개방한 채 만나고 싶다. 다람쥐, 청설모, 박새를 만나면 행운이겠지만, 무엇보다도 나는 풀과 나무를 보려고, 그들과 이야기하려고 숲에 든다.

숲, 하나의 이야기

7월의 어느 날 아침 여섯 시. 반쯤 빛을 받고 있는 단풍나무 잎들은 양(陽)과 음(陰)의 느낌을 동시에 자아내며 한 폭의 그림을 완성하고 있다. 사진가들이 이따금씩 밝혀 그 아름다움을 우리에게 보여주지만, 우리의 눈에 미처 닿지 못하고 저 혼자 고요히 나타나 있는 빛과 식물의 절묘한 조화가 이렇게 지천이다.

늘 그런 건 아니지만 동물인 우리의 눈에는 꽃과 잎과 가지를 통해 주로 느끼는 식물의 미(美)는 어느 순간 휴식자의 아름다움으로 비친다. 그러나 식물의 행태에서 우리가 얻는 휴식자라는 느낌은 착각이기 쉽다. 풀과 나무들은 휴식하고 있는 것이 아니라 독특한 형식으로 활동하고 있는 것일 뿐이다. 식물들은 우리의 눈에는 잘 보이지 않는 방식으로 자신의 삶을 살아가고 있다. 그러므로 지식과 상상의 등불이 우리의 숲 산책을 인도해야만 한다.

만일 상대방이 제 삶의 이익을 얻으려고 어떤 전략을 취하고 실제로 그걸 어떻게 얻어내는지 이해한다면, 우리는 상대방의 행동방식을 그럼직한 것, 이유와 가치가 있는 것으로 받아들이기 쉽다. 상대방의 삶 또한 유의미한 삶으로 용인하기 쉬울 것이다. 인간세계뿐만 아니라 숲과 같은 자연세계에서도 동일하게 적용되는 원리이지만, 상대방에 대한 지식과 상상이 더 긴요한 쪽은 상대방의 타자성이 훨씬 큰 세계, 즉 자연세계에서이다.

산양이 생존을 위해 도모하는 전략, 예컨대 갈짓자로 뛰며 적의 시야를 교란하며 도망가는 전략은 풀과 나무의 생존 전략보다 훨씬 더 파악하기 쉽다. 후자는 우리의 눈에 보이지 않기 때문이다.

보이지는 않지만, 가장 경이로운 풀과 나무의 생존 기술은 광합성이라고 일컬어지는 기술이다. 녹엽을 지닌 식물들은 태양광, 수분, 탄소를 흡수하여 에너지(ATP, 아데노신3인산)와

당분(탄소 6개 분자로 구성된 포도당)을 수확한다. (에너지를 얻는 과정을 명반응, 당분을 얻는 과정을 암반응이라 하며, 암반응을 탄소 고정 과정이라고도 부른다.) 그리고 이 당분이 지구 최초의 먹이가 되어 먹이사슬이라는 자연의 기계를 움직이는 동력원으로 작동한다.

경이로운 것은 숲의 녹엽 식물들의 생존 활동으로 인해 생기는 생태적 효과이다. 이들은 광합성 과정에서 나온 폐기물인 산소를 대기에 쏟아내면서 지구 대기 내 산소 농도를 조절하는 역할을 한다. 현재 대기 중 산소 농도는 약 21퍼센트로(인체에 이로운 산소 농도는 21~23퍼센트이다) 이 농도는 지구에 대기가 생긴 이래 12~35퍼센트 사이에서 주기적으로 상승과 하강을 반복하며 동식물 종들의 번성과 멸종을 좌우하는 역할을 해왔다. 녹엽 식물의 몸은 탄소고분자들로 구성되어 있어서, 밀식하는 식물의 다발, 즉 숲 자체가 곧 탄소 저장고로서 지구의 탄소 사이클에 중대한 역할을 하고 있다.

혹한을 견디는 나무들의 수완도 이채롭다. 겨우살이에 들어간 나무는 아주 천천히 세포액의 온도를 낮추거나(물이 천천히 차가워지면 빙점 이하에서도 얼지 않는 과냉각 현상이 일어난다), 아예 세포 밖으로 액체를 내보내 세포액의 농도를 높임으로써(이렇게 되면 삼투압이 높아져 세포가 얼지 않는다) 동해(凍害)를 피한다. 우리의 눈에는 전혀 보이지 않는 활동이지만, 그렇다고 해서 이들의 혹한 대처 능력이 존재하지 않거나 무의미해지는 것은 아니다.

숲의 식물들은 유해한 동물과 박테리아로부터 자신을 보호하려고 은밀히 독을 뿜기도 한다. 숲에서 우리가 받는 쾌적한 느낌은 식물들이 내뿜는 '피톤치드'의 향 때문인데, 피톤치드는 식물들이 발산하는 대표적인 독성 물질(방어성 물질)이다. 5,000개 이상의 성분을 함유한 피톤치드의 독성은 그 이름에서 확인된다. 피톤치드는 '식물(Phyto)'과 '죽이다(Cide)'는 뜻이 결합된 단어이다. 우연히도 인체에는 이롭지만, 어떤 박테리아나 곤충에게는 독성을 발휘하는 독극물이 바로 피톤치드인 것이다.

그러나 피톤치드는 한 가지 사례에 불과하다. 담뱃잎의 니코틴(Nicotine), 찻잎이나 붉은콩류의 탄닌(Tannin), 커피 열매의 카페인(Caffeine), 살구나 배, 사과의 씨앗에 있는 시안(Cyanide). 이것들도 전부 박테리아, 곤충, 소동물들을 죽이기 위해 식물들이 고안해낸 독극물이다. 잘 보면, 숲은 식물들과 동물들 간의 살벌한 전장(戰場)이며, 포용과 배척, 공생과 적대라는 두 원리가 교차 작동하는 역동적 드라마의 무대이다.

숲은 한마디로 이야기의 현장이다. 이 이야기는 우리의 눈에 거의 보이지 않지만, 분명 숲의 이곳저곳을 흘러다니고 있다. 이 이야기들은 산책자의 수집을 기다리고 있다.

숲의 아름다움

처음으로 숲바닥(임상)이라는 것에 관심을 기울인 건, 빈센트
반 고흐의 작품 〈담쟁이와 함께 있는 나무 몸통(Tree trunks
with Ivy)〉(1889)을 만난 뒤였다. 이 작품에서 나무들의 아래
몸통을 타고 오르는 담쟁이덩굴은 숲바닥을 채운 식물들과
구분되지 않아서 꼭 숲바닥의 손처럼 느껴진다. 숲바닥이라
는 바다가 나무들을 만나 파도를 일으키고 있는 듯한 모양이
다. 일정한 패턴을 이루며 넘실거리고 있는 숲바닥의 식물 군
락이야말로 이 작품에 구축된 미(美)의 출처일 것이다.

　군락이 패턴을 만들며 움직이면 군무(群舞)의 느낌을 자
아낸다. 산호를 보며 아름답다고 느끼는 건 산호가 실은 동물

(각각의 동물 유기체의 이름은 폴립이다) 군락체이기 때문인데, 햇빛에 반사되고 있고 물결에 미세하게 흔들리고 있는 산호 덩어리는 올림픽 경기 개폐회식 때 흔히 볼 수 있는 집단체조의 형상과도 비슷하다. 산호처럼 이 세계의 어떤 것들은 무리를 이루어 하나의 아름다움을 조직해낸다. 숲에서 우리가 느끼고 만끽하는 아름다움도 실은 대개 이러한 군락의 아름다움일 때가 많다.

우선 흔하게는 대나무숲, 소나무숲, 전나무숲, 측백나무숲, 자작나무숲, 메타세쿼이아숲… 이러한 숲들이 자아내는 아름다움은 나무들이 단일수종으로 이루어진 군락 지대라는 매우 단순한 사실에서 기인한다. 단일수종이지만 각기 다른 수형을 지닌 나무들이 각자 다른 동작을 하면서도 하나의 군락을 형성하고 있는데, 그렇게 이들은 규칙과 불규칙, 전체성과 개체성, 순응과 반항, 귀속과 일탈이라는 상반되는 두 원리 사이에서 절묘한 균형을 잡고 있다. 우리가 이곳에서 느끼는 미감의 출처는 이 절묘한 균형이다. 숲은 날아갈 듯 날아가지 않고, 고정된 듯 고정되어 있지 않다. 날 것들 하나하나가 모여 시시각각 색다른 모듬의 꼴을 이루며 색다른 아름다움을 조형할 가능성은 우리가 그것을 매 순간 눈으로 포착할

빈센트 반 고흐, 〈담쟁이와 함께 있는 나무 몸통(Tree trunks with Ivy)〉(1889)

가능성만큼이나 무수하다.

그렇다면 모든 것은 인연이 아닐까. 어느 전나무숲의 아름다움에 도취되어 눈길을 떼지 못하고 있다면, 그때 나는 '잠깐의 인연'에 매인 것이다. 나는 오직 잠깐만, 순간의 인연과 더불어서만 존재하며, 내 눈에 띈 그 군락의 아름다움 역시 그러하다. 우주란 이 낱낱의 인연들이 서로 교차하며 영향력을 파생하는 과정이다.

풀들 역시 저 혼자 외따로 피어 아름다움을 자아내는 경우도 많지만, 군락으로 피어 우리를 매료시키는 경우가 더 많다. 모둠을 이루어 숲과 숲 언저리, 들판을 천상의 낙원으로 만드는 풀들. 철쭉, 개나리, 유채, 앵초, 옥녀꽃대, 터리풀, 곰취, 산조풀, 억새, 강아지풀, 수크령, 고마리, 마타리, 숲바람꽃, 뿔남천, 해바라기, 수국, 붓꽃….

숲에서 떨어져 살지만, 숲 언저리나 반음지에서 살아가는 붓꽃은 녹빛의 긴 풀과 보랏빛(종류에 따라 꽃빛깔이 모두 다르긴 하다)의 낱꽃 자체가 개결(介潔)한 느낌으로 다가온다. 그런데 이 녀석들은 몇 점 어울려 있기라도 하면 그것이 또 그렇게 고울 수가 없다. 물(푸름, 차가움)과 불(붉음, 뜨거움)의 중화를 상징하는 듯한 색인 보라는 또 어떤가. 붓꽃에서 조화와 절정의 미를 발견하는 것도 무리는 아닐 것이다.

　국내에서 보기는 어렵지만, 그래서 더 만나고 싶은 꽃들도 있다. 잉글랜드블루벨은 영국인들로부터 사랑받는 풀꽃으로 로저 디킨(Roger Deakin)은 잉글랜드블루벨에 흠뻑 빠졌던 제러드 맨리 홉킨스(Gerald Manley Hopkins)를 자신의 책에서 소개하고 있다. 홉킨스의 블루벨 묘사는 정말이지 아찔하다. "이 꽃들은 하늘빛의 폭포수처럼 나타나서 땅의 돌출부와 함몰부를 정맥처럼 푸른빛으로 씻어 내린다."*

　눈이 내린 듯한 모양새의 설강화(galanthus)는 블루벨처럼 꽃이 아래로 향해 있어 우리의 눈길을 끈다. 기다란 고깔모자 모양의 디기탈리스(digitalis)는 아예 꽃들이 한 다발로 나는데, 이것들이 군락을 이루면 또 별세계의 장관이다. 아편의 원료가 되는 양귀비나 불안과 긴장을 해소해준다는 라벤더 역시 모둠을 지어 피는 풍경이 탄성을 자아낸다.

　나무와 풀뿐일까. 지구 최초의 육상식물의 후예들인 이끼 (선태식물)들은 오직 집단으로만 존재하고, 이들보다 조금 늦게 지구에 나타난 양치식물도 무리지어 살아간다.

---

* 로저 디킨, 『나무가 숲으로 가는 길』, 박중서 옮김, 까치, 2011, 58쪽

실은 숲만이 아니라 지구 자체가 유기체와 무기체의 군무로 가득 차 있다. 개체성이 식물에 비해 상대적으로 더 강한 동물들은 군무와 무관할 것 같지만, 청어와 날치, 벌과 개미와 메뚜기, 양, 순록, 야크, 도요새의 무리들은 우리의 선입견을 여지없이 날려버린다.

그러나 군무의 미학을 가장 찬연하게 선보이는 지구의 물질은 유기체가 아니라 무기체다. 카라코람의 산맥, 사하라 사막, 태평양의 일렁임, 심해의 고요, 구름의 바다, 한나절 쏟아지는 장대비, 양쯔나 나일 같은 거대한 강들. 하기야, 프랭크 윌첵(Frank Wilczek)의 말처럼 원자 자체가 초소형 악기라면, 원자들이 분자 같은 규칙적인 물질을 이루어내며 오케스트라를 연주하고 있다면,* 산과 사막, 바다, 구름, 비, 강 같은 것들의 오케스트라야 새삼 말해 무엇할까.

우리 자신은 어떤가? 학교와 군대, 대기업 같은 조직들 내 개체들의 규칙적 움직임이나 콘서트장 혹은 경기장에 모인 개인들의 몸짓을 동영상으로 찍어 살펴본 외계 생물은 청어떼와 날치떼의 그것과 유사하다고 느낄 것이 자명하다.

---

* 프랭크 윌첵, 『뷰티풀 퀘스천』, 박병철 옮김, 흐름출판, 2018, 288쪽

그렇다면 나 역시, 일자(一者)로서 전체의 아름다움과 전체의 화음을 빚어낼 때만 빛이 나고 아름다운 걸까? 전체와 집단의 음악에 참여할 때에만 빛을 내는 일자. 그런 실존에 내가 자족할 수 있을까? 숲은 그렇다고 말하지만, 숲길을 걷는 내 발은 꼭 그런 것만은 아니라고 말하는 듯하다.

숲의 시간

가을이 깊어지고 있다. 아니, 가을이 지상을 떠나가고 있다.
가을이 완전히 자취를 감추기 전에 그 모습을 잡아보려 서둘
러 산에 든다. 가을 산은 온통 잎 천지다. 발에 밟히는 누런
폐지 같은 낙엽들 그리고 아직 나무에 있는 푸르고 노랗고 누
렇고 불그스름한 잎들.

　노화와 상흔의 정도는 잎마다 다르다. 어떤 것들은 끝이
조금 찢어진 그대로 아름답다. 치료하거나 수술할 필요 없는,
무언가를 덧대거나 추출할 필요 없는 불완전한 그대로의 아
름다움.

　일본어 '와비사비(わびさび, 侘寂)'라는 말은 흥미롭다. 일종

의 미의식(美意識)에 관한 단어인데, '와비'는 불완전함, 완벽하지 않음, 투박함, 간소함을 뜻한다. (자연 속에 홀로 있는 느낌, 외롭고 호젓한 느낌을 뜻하기도 한다.) 한편, '사비'는 낡음, 나이듦 또는 그런 것의 아름다움을 뜻한다. 와비사비란 그러므로 불완전하고 낡은 그대로의 아름다움이다. 가만 살펴보고 있으면, 가을 산은 온통 와비사비의 미(美)로 들끓고 있는 것이다.

한때 죽은 나무만을 사진에 담기도 했다. 산에서 본 죽은 나무들은 죽은 채로 산에 귀일하고 있었고, 양분이 되어 다른 생명의 몸으로, 즉 또 다른 삶으로 자신을 옮기고 있었다. 죽은 나무야말로 삶과 죽음의 전회(轉回, 돌고 돎)를 극명히 보여주는 이 세계의 사물이 아닌가.

물론 사계의 전회라는 1년의 계절 현상을 가장 잘 보여주는 사물은 나뭇잎일 것이다. 특히 가을 산, 여기저기 산재해 있는 황갈색의 낙엽.

서늘하게 맑은 붉은 빛의 잎들은 동물들이 채 인지하지 못하는 사이에 메마르고 늙고 쭈글쭈글해져 바닥에 하염없이 떨어진다. 숲 바닥에 쌓인 잎들은 동물들의 발이나 바람에 짓이겨지다가 비와 눈을 만나 썩고, 이내 숲의 흙으로 흡수된다. 그리고 그 흙은 종국에는 나무의 뿌리와 만나니, 나무는 가을에 잎을 떨굴 때 잠시 잎과 헤어질 뿐이다. 낙엽은 어쩔 수 없는 이별의 결과물이기 이전에 적극적 이별의 결과물인 것이다.

아니, 낙엽은 계절의 변이를 감지한 활엽수들의 철두철미한 겨울나기 프로그램의 한 결과물일 뿐이다. 추위를 감지하면 활엽수들은 양분을 잎에서 가지로 옮겨놓는다. (엽록소가 손상된 잎은 변색된다. 이것이 단풍이다.) 그러고는 잎자루 끝에 떨켜층을 만들어 수분이 외부로 빠져나가는 것을 밀막는다. 이렇게 떨켜층이 완성되면 잎은 떨어진다.

생물학자 윅스퀼(Jakob von Uexküll)에 따르면, 같은 장소라 해도 동물 각자의 주변세계(Umbelt)에 따라 천차만별의 의미를 띤다. 윅스퀼이 드는 예는 야생화 줄기다. 꽃을 따 모으고 있는 여자 아이, 줄기를 포장도로로 이용하고 있는 개미, 줄기 중앙에 터널을 뚫고 벽을 건설하는 매미 애벌레, 줄기를 씹으려 드는 암소. 이들 각자의 주변세계가 다르니 이들

에게 야생화 줄기는 각기 다른 의미를 띤다.* 숲의 떡갈나무
도 마찬가지여서, 나비 애벌레와 새와 여우, 인간을 감싼 세계
가 무엇인가에 따라 그 나무는 각 동물들에게 다른 의미로
다가온다.

하나의 공간은 실은 다주체가 다채롭게 인지하는 다공간
인 셈이다. 우리가 '세계'라고 알고 있는 것은 다주체에 의해
제각각 인지되는 다공간이 다중첩된 곳, 즉 다세계이다. 여기
서 세계를 자연계로 이해한다면, 지구에는 하나의 자연이 존
재하는 것이 아니라 다(多)자연이 존재한다고 볼 수 있다.**

숲에선 공간만이 다공간이 아니라 시간 또한 다시간이다.
숲을 서식지로 삼고 있으며 수명이 상대적으로 짧은 여우와
수명이 더 길고 서식지가 숲이 아닌 인간에게 숲 속에서 보내
는 하루가 가지는 의미는 판연 다를 수밖에 없다. 그러나 숲
에서 시간이 다르게 흐르는 건, 무엇보다도 식물들의 시간이
동물들의 시간과 같지 않기 때문이다. 일례로, 숲의 활엽수

---

* 야콥 폰 윅스퀼, 『동물들의 세계와 인간의 세계』, 정지은 옮김, 도서출판 b, 2012, 145쪽

** 아마존 사람들은 숲과 숲의 존재에 대해 다자연주의적 이해를 하고 있다고 한다. 즉, 우
주 내 존재하는 주체의 육체에 각기 다르게 각인된 여러 개의 자연이 존재한다고 생각하
는 것이다. 이에 대해서는 에두아르도 콘, 『숲은 생각한다』, 차은정 옮김, 사월의책, 2018,
267~268쪽 참조

들은 아주 천천히, 포유동물의 눈에는 보이지 않는 방식으로 삶을 살아서 마치 어린아이가 하루하루 천천히 세포 증식을 해가듯, 수십 일에 걸쳐 양분을 옮기고, 떨켜를 만들고, 잎을 떨궈 내고, 비와 바람과 눈을 기다리고 난다. 따라서 숲에서 식물들이 어떻게 살아가는지 느끼고 이해하려면 우리는 세 가지 특별한 행동을 감행해야 한다. 멈춰야 하고, 관찰하거나 관조해야 하며, (생태 지식에 근거해) 생태적 상상력을 발동해야 한다. 이러한 세 가지 행동과 태도야말로 방한복이나 스틱 이전에 우리가 가을 숲에 들기 전 갖추어야 할 필수 장비다.

원시림이 거의 없는 한국의 숲에서 우리는 동물들을 쉽게 만나기란 어렵다. 식물에 주목하지 않는 한, 식물들은 마치 존재하지 않거나 그 존재가 무의미한 존재자로 우리의 인지 체계에 들어오기 쉽다. 기껏해야 새소리가 우리의 발길을 멈추게 할 뿐. 그렇다면 도대체 우리는 숲에서 무엇을 보고 경험할 수 있을까? 숲의 실재에 다가가려면, 숲의 시간을 상상해야 하며, 숲에서 이동하는 대신, 어슬렁거려야 한다. 그리고 그러려면 반드시 혼자여야 한다. 가을 숲은 홀로, 멈추어 서서 바라보는 자를 반긴다.

겨울숲

북반구, 북위 38도가 조금 안 되는 곳. 가을이 익어 땅에 떨어졌다. 머지 않아 나무들이 알몸을 드러내고 삭풍이 우리의 옷깃을 여미게 할 것이다. 겨울이 옴을 우리는 무엇으로 알까? 적어도 숲에서는 기온이 아니라 나무의 겨울눈[冬芽]으로 겨울이 옴을 가장 잘 감지할 수 있다.

지상과 지하 양쪽에서 감지되는 기온의 저하, 일조량의 감소… 이런 '지구적인' 변화에 나무들은 일찌감치 대응하며 새로운 삶을 준비한다. 광합성을 포기하고 잎으로 공급되던 에너지를 끊는 대신, 에너지를 안으로 비축하며 웅크리는 것이다. 이렇게 처음에는 단풍이, 그 다음에는 낙엽이, 그 다음에는 헐벗은 가지, 즉 나무의 뼈가 지상에 모습을 드러내기 시작한다.

나무들은 이때 이듬해 봄부터 활발하게 활동을 시작할 하나의 장치를 달아둔다. 꽃눈의 동사(凍死)를 막고 다음 해 싹눈을 틔우게 하는 겨울눈을 만드는 것이다. 겨울눈은 그러므로 동면에 들어가 겨우살이 하는 나무의 결정적 상징이다. 사계의 상징이 바로 나무라면, 겨울눈이야말로(눈 쌓인 지붕이나 나뭇가지가 아니라) 겨울의 결정적 상징이다.

이제 거의 모든 나무들에 겨울눈이 피었다. 여기서 조금 더 추워지면 잎 하나 없는 활엽수들의 벗은 몸[裸木]이 우리의 눈을 채우게 될 것이다.

한겨울의 설산을 찾는 이들도 적지 않겠지만, 아무래도 다수는 이 시즌에 실내 활동을 선호하기 마련이다. 웅크린 나무들, 폐허가 된 듯한 숲, 헐벗은 활엽수의 뼈들을 그 자체로 사랑하는 이는 모르긴 모르되 소수일 것이다. 나 역시 겨울산을 부러 찾거나 헐벗은 활엽수를 애써 관찰해본 기억이 별반 없다.

최근 영국의 화가이자 식물학자인 존 내쉬(John Northcote Nash)의 겨울나무 그림들을 우연히 만나게 되었다. 존 내쉬는 1916년 11월부터 1918년 1월까지 제1차 세계대전에 참전한 인물로, 1921년부터는 버킹엄셔(Buckinghamshire)에 정착하여 임종 시까지 거기에서 살았다.

영국의 풍경과 숲, 나무를 그린 내쉬의 그림 가운데에는 뼈대만 남은 나목들이 자주 등장한다. 대체 왜 나목에 유독 관심을 기울였던 걸까? 아마 그는 무성한 잎으로 가려져 있었지만 이제 제 모습으로 돌아온 나무의 맨 얼굴, 맨 형태[樹形], 나무의 본래면목(本來面目)에 매료되었는지 모른다. 그런데 앙상한 가지들의 다발인 이들 나목들 사이에서 때로 우리는 고사목도 발견한다. 천천히 죽어가고 있는, 죽음이라는 시간을 살고 있는 한겨울의 나무들. 그러니까 존 내쉬는 겨울나무의 일관되고 뚝심 있는 웅크림만이 아니라 늙음과 죽음의 몰골마저 그려내려 했던 것이다. "죽음이란/가면을 벗은 삶인 것/우리도, 우리의 겨울도 그와 같은 것"(기형도)이라고 썼던 시인의 감성을 우리는 존 내쉬의 그림에서 재발견한다.

허나 존 내쉬의 그림이 보여주는 것은 폐허인 듯, 폐허가 아니다. 로저 디킨(Roger Deakin)은 존 내쉬를 두고 "숲의 폐허를 좋아했다"고, "말끔하게 단장한 숲을 싫어했다"라고 적었지만,[*] 존 내쉬의 겨울 숲 그림에서 우리가 보는 건 폐허의 느낌을 불러일으키는 또 다른 질서이지, 폐허 그 자체는 아니다. 정작 숲과 나무의 폐허는 그가 제1차 세계대전 당시 종군화가로 복무하면서 그린 작품들에 있다. 가지가 아니라 몸통이 크게 잘려나간 흉측한 나무들의 형상에.

존 내쉬는 겨울에 잠깐 구축된 새로운 세계를 그려냈다. 물론 겨울의 새로운 세계를 감상하기 위해 존 내쉬의 그림을 굳이 들추어볼 필요는 없다. 겨울날, 가까운 산에 들어가기만 하면 되니까. 그러나 존 내쉬의 작품들은 존 내쉬의 시선 자체에 우리의 관심을 돌려세운다. 그리하여 우리는 거리에서, 겨울산에서조차 뼈를 드러낸 나무 사이를 무심코 지나쳤던 우리 자신을, 겨울숲이라는 새로운 세계를 새로운 세계로 인지하지 못했던 우리 자신을 질타하며, 활엽수들이 겨우살이 하는 풍경으로 시선을 홀연 돌리게 된다.

---

[*] 로저 디킨, 앞의 책, 60~61쪽

겨울날 시푸른 하늘 아래 멀쩡히 드러난 헐벗은 활엽수들, 그 흰 뼈들의 휨과 꼿꼿함, 무심(無心)과 의연(毅然), 죽음을 품고 사는 삶의 처연한 광경은 겨우살이에 들어간 수목들의 지혜(지능)나 인고라는 가치의 은유만은 아니다. 그러한 가치들의 은유로 축소하기에는 지구의 산맥과 산맥을 잇고, 지구의 도시와 도시를 잇는 그 뼈들의 일대 만개(滿開)가 너무 장대하고 창연(蒼然)하고 경이롭다. 겨울이라는 계절의 신은 다른 곳이 아니라 겨울 나무에 내려와 우리를 응시하고 있다.

숲 동물

숲은 5대 생물군이 어우러져 밀생하는 곳, 5대 생물 집단의 공동의 집이다. 숲길에 들어선다는 건 이들의 집을 방문한다는 것이다.

처음 숲이 들어서기 전, 숲의 골격만 있었던 때, 그 땅의 주인은 박테리아, 원생생물, 균류였다. 약 4억 7천만 년 전, 바다에 살던 녹조류들이 육지에 첫 발을 디디는 일대 기적이 발생한다. 육지 환경이라는 낯선 환경에서 이들은 균류와 공생하며 원시육상식물로 진화한다. 이 원시육상식물이 누구인지는 명확하지 않다. 다만 포자로 번식하는 녀석들이었고, 이들의 후손이 지금도 우리가 보는 숲에 있다. 이끼류(선태식물류)

와 양치식물류가 바로 그들이다. 오늘날 숲의 대부분을 차지하는 씨(종자)식물은 한참 뒤, 그러니까 최초의 원시육상생물이 등장하고 약 1억 7천만 년이 흐른 시점(약 3억 년 전)에서야 제 모습을 드러낸다.

숲 식구 가운데 가장 덩치가 큰 동물인 포유동물은 자연사(自然史)의 시간으로 보면 가장 어린 녀석들이다. 그래서인가, 생태환경의 변이에 가장 쉽게 상처 받는 동물이기도 하다. 숱한 포유동물들이 숲 개벌에 몸살을 앓는 숲을 떠나 다른 숲으로 이주했다.

인간의 침입으로 원시림의 생기를 잃어버린 숲. 더는 원시림이 아닌 숲. 그러나 그런 숲에도 아직 새 소리만큼은 쉽게 들을 수 있다. 한반도 남쪽의 숲은 지금 새의 집이다. 독수리, 매, 쏙독새, 부엉이, 박새, 휘파람새, 할미새, 딱따구리, 뻐꾸기, 종다리, 동고비, 곤줄박이… 이름을 대려면 책 한 권을 넘기고 말 이들도 수풀이 무성한 곳이라면 어디라도 자기들의 집을 척척 만들어내는 천생의 숲 거주자들이다. 새들은 인간의 손길이 적게 닿는 공중을 오가며 사계절 내내 숲을 제 집 삼는 데 호가 난 녀석들이다.

물론 아직 숲에 남아 있는 동물들 중에서 가장 많은 머릿

수를 차지하는 이들은 단연 절지동물들이다. 지렁이, 지네, 진드기, 노래기, 노린재, 거미, 개미 같은 녀석들. 그리고 이 목록은 계속 이어진다. 파리, 모기, 등에, 바구미, 딱정벌레, 사슴벌레, 송장벌레, 대벌레, 반딧불이, 쇠똥구리, 풍뎅이, 귀뚜라미, 매미, 여치, 베짱이, 물방개, 잠자리, 나비, 나방…. 이런 녀석들은 물과 양식(수액, 화분, 잎…)이 풍부하며 몸을 은닉해 생존을 지속하기 쉬운 숲을 좀처럼 떠나지 않아서, 마음만 먹으면 우리는 언제든 앙리 파브르의 후예가 될 수 있다.

숲속의 새와 절지동물은 모두가 약 3억 년 전 지구를 점령하기 시작한 씨식물들과 관련이 있다. 이 동물들은 숲의 씨식물들이 숲으로 불러들였던 동물들의 계보에 속한다. 이들보다 더 일찍이 숲에 와 거주했던 동물은 아마도 달팽이 같은 연체동물이었을 것이다.

한편 뱀과 도마뱀, 도롱뇽 같은 파충류는 새나 절지동물보다 숲 개발의 영향을 더 많이 받는다. 하지만 포유류만큼은 아니다. 이들의 집은 지하에 있어 상대적으로 안전하기 때문이다.

지하 동굴에 집을 트는 들쥐, 두더지, 오소리, 나무 위에 사는 원숭이, 다람쥐 같은 녀석들을 예외로 치면, 나무 밑동이

나 언덕배기 같은 곳에 굴을 파고 사는 토끼, 여우, 너구리, 들고양이 같은 녀석들이나 험준한 바위 밑 같은 곳에서 사는 산양, 범, 곰 같은 녀석들은 인간의 숲 침입에 훨씬 더 취약하다. 더군다나 육식하는 포유동물들은 먹잇감이 되는 녀석들이 보이지 않으면 도무지 살아갈 방도가 없다.

숲은 물의 움직임, 물의 활동이 풍성한 곳이어서(베르나드스키는 생명을 활동하는 물(animated water)이라 불렀다) 계곡수가 흐르는 곳에는 숱한 물 동물들이 살아가고 있다. 가재, 돌상어, 버들치, 열목어, 산천어, 수달 같은 녀석들 말이다. 하지만, 기후변화로 가뭄이 지속되고 있는 요즈음 이들 물 동물 가운데 본디 살던 곳을 떠나 이주한 녀석들도 많다.

말하자면 오늘 우리가 한반도의 울창한 산림에 들어 발견하는 것은 숲 생태계의 빈 구멍들이다. 빼곡한 전나무와 잣나무, 소나무 숲속에서 우리의 눈에 들어오는 건 망가진 먹이그물(food web)의 질서인 셈이다. 망가지고 부서지고 구멍이 난 불온전한 시스템 속에서 아직까지 잘 견디고 있는 녀석들(절지동물, 연체동물, 조류, 일부 파충류, 소수의 포유류)이 간신히 삶을 이어가고 있는 집. 바로 오늘날 한반도 남쪽 산림의 실상이다. 그곳은 이미 많은 동물들이 버리고 떠난 빈 집이다.

그러나 절망하지는 말자. 지금도 우리는 숲에서 인간의 삶에 가장 긴요한 삶의 이법(理法)을 배우고, 발견하고, 터득할 수 있다. 그 이법은 바로 '교향(交響)'이다. 교향이란 '만나서 사귀고[交] 상대에 응답함[響]'을 뜻한다. 교향악의 연주자들은 서로 소리로 교제하고, 이 소리로 저 소리에 응답하는 가운데 교향악의 화음을 빚어낸다. 숲은 식물들 사이의 교향, 식물과 균류 사이의 교향, 동물과 식물 사이의 교향이 나날의 생태 질서로 굳건히 자리 잡은 곳이다. 숲의 역사는 이러한 교향의 역사에 다름 아니다.

예컨대, 숲 식물 가운데 가장 고참에 속하는 이끼(선태식물)는 나무의 몸통이나 바위 같은 표면에 공동의 집을 틀고는 숲의 수분을 저장한다. 이는 물론 생존의 전략에서 나온 것이지만, 이끼가 수분을 풍부히 저장함으로써 이들과 살을 잇댄 나무들 그리고 숲 전체가 한층 풍부해진 수분을 보유하게 되고 그에 따라 여러 생물이 숲에 깃들게 되었다.

최초의 지상 식물들인 녹조류는 균류와 공생체를 이루었고, 이 덕분에 식물은 눈부신 번영의 역사를 쓸 수 있었다. 꽃

가루를 옮겨주는 생태 기능을 자임하는 곤충과 새들은 꽃(속씨)식물들의 번영을 도왔고, 반대로 꽃식물들의 번영은 그들의 꽃가루와 액을 먹이 삼는 곤충과 새들의 번영을 촉발했다. 때로는 어느 한 무리의 곤충이 나무들의 무리를 전부 집어삼키기는 살벌한 참극도 일어나는 곳이 숲이지만, 곤충과 꽃식물의 공생은 아직까지도 숲의 주요 생태 문법으로 남아 있다.

이렇듯 숲은 생물(유기체)과 무생물(무기체) 모두를 포괄하고 가로지르는 지구 생태계의 이치인 교향의 이치가 엄존하는 자리여서, 숲에 든다는 것은 이 교향의 음악, 교향악의 세계로 발을 디딘다는 것을 의미한다. 숲에 축적된 자연사의 장엄한 음악과 지금도 숲을 움직여가는 교향악을 떠올리며 걷노라면, 숲에선 한 발작 한 발작이 조심스럽고 새삼스레 감격적이다.

지구의 교향악

지구의 생태 과정, 그 교향악적인 운동은 생물과 무생물이 참여하는 장대한 퍼포먼스라 할 만하다. 그런데 이 퍼포먼스가 진행되는 무대에선 모두가 주요 출연진이어서, 무대 자체를 포함한 모두가 극중 역할을 가진다. 또한 모두가 서로의 손을 맞잡은 채, 서로에게 입김을 불어넣으면서 자신의 퍼포먼스를 수행하고 있다.

대기를 채우고 있는 원자와 분자는 풀과 풀뿌리와 흙을 채우고 있고, 풀을 먹는 양과 염소를 채우고 있고, 양과 염소를 먹는 사람을 채우고 있다. 한때 햇빛, 물, 공기에 있던 탄소, 흙 속에 있던 질소, 인산, 칼륨이 풀과 잎이 되고, 한때 풀과 잎이었던 것은 양과 염소의 세포가 된다. 한때 양과 염소의 세포였던 것은 인간의 세포가 되고 음악이 되고 소설이 되고 경전이 되고 스마트폰과 인공지능이 되고 목성을 탐사하는 우주선이 된다. 하지만 목성 탐사선을 설계했던 어느 인간의 육체에서 뇌세포 활동이 멈추면, 육체는 다시금 미생물들의 먹이가 되고 종국에는 흙으로, 풀로, 그리하여 양과 염소의 먹이로 되돌아간다. 우리의 실존과 삶은 지구상에 있는 한 이러한 거대한 생태적 순환 과정, 즉 '역(易)'이라는 과정의 일부로서만 존재한다.

지구의 생태 과정은 그러나 단순히 먹고 먹히는 과정으로만 채워지지 않는다. 먹고 먹히는 과정은 교향이라는 더 큰 과정의 일부로만 존재한다. 탄소를 대기에 내보내고 산소를 흡수하고, 농작물과 수산물을 식탁에 올려놓고 먹으며, 물을 흡수하고 대사활동으로 남은 부분을 배출하는 우리 인간도 끊임없이 지구의 탄소 교향악, 산소 교향악, 질소 교향악, 물 교향악에 참여하고 있다. 인간만이 아니라 모든 생물이 저마다의 삶이라는 연주를 통해 거대한 교향악에 참여하고 있다. 존재한다는 것은 교향한다는 것, 교향악에 참여한다는 것이다.

무대에 오른 이들이 전부 네트워크를 채우는 '점(點)'인 것은 아니다. 어떤 이들은 '면(面)'으로 존재한다. 지구의 대기, 토양계, 인체 등을 비롯하여 상당히 넓은 면적의 생태계를 형성, 유지하는 데 기본 동력으로 작동하고 있는 박테리아, 삼분구조를 이루고 있으며 박테리아의 서식지가 되는 물(푸른 빛의 바다), 대기(기체 분자들, 흰빛의 구름), 대지와 산림(갈색의 땅 그리고 녹엽의 숲), 그리고 이것의 통합체로서의 지구, 즉 가이아 자체는 모든 점들을 위에서 포괄하고 아래에서 떠받드는 물리적 힘으로서 작동하고 있다. 바로 이것들이 모든 개별 생물종 그리고 생물종들의 일점인 개체들의 (물론 우리 자신의) 뿌리이자 귀속지이다.

우리가 살고 있는 이 지구라는 우주선은 하나의 커뮤니티, 즉 단일 공동체이다. 그리고 이러한 진리에 대해 가장 무지하며, 가이아를 향하여 가장 악랄한 공격을 가하고 있는 인류 집단조차도 엄연히 이 지구공동체에 귀속되어 있고, 지구공동체의 물리적 변화와 작용에 영향을 받고 있다.

식탁 위 음식들의 원천이 되는 대지(농토와 산림)와 바다, 스마트폰과 자동차를 움직이게 하는 (연소되는) 석탄과 석유, 창문 밖에서 펼쳐지는 구름과 눈비의 운동, 강과 호수의 삶,

해류의 순환, 해양 기단의 활동 그리고 태풍, 물과 탄소와 질소의 사이클에 가담하는 풀과 나무들, 나무와 철새들이 가장 먼저 알려주는 사계의 우주적 운동, 일출과 일몰(아침노을과 저녁노을), 가뭄과 지진, 폭염과 혹한… 이 모든 것들이 우리와 우리의 문명세계가 지구에 귀속되어 있고, 지구의 품 안에서 작동하고 있다는 진리를 가감 없이 드러내고 있다. 눈을 새롭게 뜨고 사물을 새롭게 응시하면, 지구의 어느 땅이라도 어느 부족, 종족, 민족에게만 허락된 영토, 국토가 아니라 지구공동체에 속한 땅이라는 사실이 훤히 보인다.

최근 수년간 한라산, 지리산 등지 1600미터 이상 고지대에서는 구상나무 숲이 집단 고사(枯死)하는 비극이 일어나고 있다. 한라산은 구상나무의 90퍼센트가, 지리산은 천왕봉, 중봉, 반야봉에서 70퍼센트가 고사했고, 태백산, 설악산, 발왕산 등 다른 산들에서도 침엽수들의 집단 고사가 확인되고 있다. 원인은 가뭄, 기온 상승 등의 기후변화로 초래된 수분 부족, 토양질 변화로 추정되고 있다. 전 세계적 기후변화가 폭염과 혹한을 넘어 침엽수림의 집단 고사라는 끔찍한 사태마저 불러오고 있는 것이다.

이러한 사태는 우리에게 우리나라의 산이라고 알아온 한

라산, 지리산, 태백산이 실은 한국 영토 내의 산만이 아니라 지구에도 속하는 산이라는 현실을 일깨워준다. 이곳이 지구에 귀속된 땅이라는 현실, 그리하여 지구 단위의 생태계 변화에서 결코 자유로울 수 없다는 현실 말이다. 나아가 이는 우리 사신 역시 지구 공동체에 귀속된 존재임을 알아채고, 지구의 구성원으로서 행동에 나서야 한다는 당위까지 일깨워준다.

한마디로 우리는 지구가 우리가 속한 제1의 공동체라는 진리에 서둘러 눈을 떠야만 한다. 이 제1의 공동체가 제2의 공동체인 인류사회를, 제3의 공동체인 한국을 둘러싸고 있고 떠받치고 있다는 진리에.

이 눈뜸의 시작은 지금 당장 지구의 교향악을 느껴보는 일로 가능할 것이다. 지구의 교향악을 느껴보는 일도 전혀 어렵지 않은데, 그럴 수 있는 장소가 우리 사는 마을과 퍽이나 가까운 거리에 있기 때문이다. 교향악단의 멤버들이 밀집해 있는 곳. 바로 숲 말이다.

나무의 계절

천정부지로 날뛰던 지구의 체온이 내려가 지구의 몸도 사람
의 몸과 마음도 다시 안정을 되찾았다. 허공에선 곤충 소리가
아니라 새 소리가 다시 들리고, 땅에선 메마름의 질식사가 그
치고 물기운이 다시금 감돌고 있다. 몸에서는 온 몸을 도는
피가 생동의 물레를 잣고 있음이 새롭게 느껴진다. 몸이 깨
어 숨 쉬고 있다는 느낌이 다시 찾아와 새로 태어난 듯한 아
침이다.

　새 계절을 맞는 체험은 등산의 체험과도 같다. 가파른 산
로를 숨이 차도록 오를 때, 온 몸에 땀이 범벅으로 흐르고, 온
맥박이 빨라지고 숨이 턱턱 막힐 때, 자연이 제대로 감지될

리 만무하다. 능선이나 산정 가까운 곳 평지에 이르게 되면 사태는 돌변한다. 땀이 식고 맥박이 안정되고 숨이 가라앉으면, 이제껏 보이지 않던 나무들이 눈에 잡히고, 들리지 않던 새 소리가 가만 들려오기 시작하는 것이다. 막혔던 시야가 뚫리고, 막혔던 귀가 열려, 이제 나는 큰 산에 들러붙어 숨 헐떡이던 한 마리 미물이 아니라 있는 그대로가 큰 산인 나를 발견하게 된다. 산이 산이 아니었고, 물이 물이 아니었다가, 다시 산은 산이고, 물은 물인 이것이 너무나 장하고 감격스러운 시간. 이 시간의 자리에 서서, 나는 비로소 산을 보려 오른 것이 아니라 나를 보려 오른 것이었음을 어떤 전율 속에서 절감하게 된다.

임계점(Tipping Point)을 지나면 비로소 느끼게 되는 이 새로운 체험은 무르익음과 무르녹음의 체험이다. 무르익어 마침내 무르녹게 되는 이 체험은 쉬운 듯 어려운 체험이다. 의지와 노력만으로도 안 되고, 신앙(신념)이나 희망 같은 것을 붙들고 기다려도 체험되지 않는다. 마치 한 남자와 한 여자가 신비한 인연으로 부딪혀 아기라는 기적을 탄생시키듯, 나로부터의 지난한 노력과 시운(時運)이 만나 결혼식을 올려야 비로소 무르익어 무르녹는 체험이 열린다.

때가 되어 충분히 무르익으면, 무르녹게 된다는 진리를 눈 앞에 보여주는 사계의 몸바꿈은 언제나 불안 속에서 꿈을 꾸고 행동에 나서보지만 여전히 불안을 떨쳐버릴 수 없는 우리 인간에게는 커다란 선물이자 계시가 아닐 수 없다. 무르익기만 하면 꼭 무르녹는다는 진리를 현상으로 보여주는 사계의 변화는 실패와 좌절, 허무와 절망 속에 있는 불안한 우리의 영혼에 안식의 가능성을 계시한다. 어김없이 자기의 세계를 열어 보이는 새로운 계절은 우리의 불안을 잠식하고, 편안함이라는 우리 마음의 본성[心本安然]을 받아들이라고 우리에게 속삭이는 듯하다. 다시 찾아온 이 가을은 내게 자유라는 운명적 과제를 기꺼이 떠안으라는 귓속말을 전하는 듯하다.

그러나 실은 말이 없는 것이 곧 자연이고[稀言自然], 계절은 아주 잠시만(무르익고 무르녹는 시간에만) 말을 할 뿐이다. 자연의 시간과 문법은 인간의 그것과 달라서, 우리는 숲을, 자연을, 나아가 계절을 우리의 시간 감각과 문법을 가지고는 충분히 음미할 수 없다. 뾰족한 수가 달리 있을까?

자연이 어떻게 느릿느릿 무르익어 가는지, 한 계절이 어떻게 다른 계절에게 제 자리를 넘겨주는지, 가장 잘 감지하게 해주는 자연물은 철새가 아니라면 나무일 것이다. 자연과 계절을 음미하는 방법을 익히려면 다른 곳이 아니라 숲으로 들어가야 하는 것이다.

나무야말로 지구와 우리와의 관계를 연결해주며, 그 둘 간의 거리를 줄여주는 결정적인 매개자다. 나무가 아니라면, 도대체 어떻게 사계를 느낄 것이며, 사계가 아니라면 도대체 어떻게, 지금도 태양 주위를 돌며 시속 107,000km로 고속 운행을 하고 있고 1년이면 태양을 완주하는 지구라는 우리가 올라탄 우주선을 상상할 수 있을까?

나무야말로 우리 모두를 싣고 태양계라는 물리적 장(場) 안에서 자율운동하고 있는 산 존재로서의 가이아를 상기시켜주는 사물이다. 꽃 한 송이, 신록의 잎, 울긋불긋한 낙엽, 전나무들의 숲지붕을 잠식한 눈의 융단에서 비로소 우리는 우주선 같은 지구를, 지구의 우주적 여행을, 우리가 이 우주 여행에 참여하고 있는 우주의 일자임을 알아볼 수 있지 않던가. 눈을 들어 바라보되 가시 영역 너머의 세계를 생각하는 사람은 다른 사물이 아니라 바로 나무의 실존에서 계절을 음미하며 태양과 함께 살아가는 지구를 상상한다. 숲은 지금 이 순간에도 자신의 이야기를 스스로 쓰고 있는 지구를 느끼기에, 그 이야기의 한 매듭으로서 우리 자신의 이야기를 짓고 있는 우리 자신을 느끼기에도 최적인 장소일 것이다.

그러나 오늘 우리는 숲에서 지구의 병색을 목도하고 있다. 지난 가을 떨어진 잎이 숲바닥의 흙에 흡수되지 못하고, 봄까지 잔존하고 있는 현상은 그간 가뭄이 얼마나 극심했는지를 알려준다. 그리고 봄까지 살아남은 이 낙엽들은 작년 봄 산불의 불쏘시개 구실을 했다. 가을과 겨울, 숲의 생태적 활동이 원활하지 않을 때 어떤 생태적 재앙이 닥칠 수 있는지를 봄 산불은 여실히 보여준 것이다. 그 산불은 또한 보여주었다. 무르익고 무르녹으며 변신을 이어가는 사계로 잘 드러나는 지구의 정연한 질서 안에서만 인간의 생존과 꿈도 가능하다는 진리를.

숲과 마을

산과 숲은 지구의 발명품이지만, 호모 사피엔스가 삶을 일궈온 결정적 장소이기도 하다. 약 5500만 년 전부터 1500만 년 동안 지구에서 거대한 산들이 융기하여 산맥을 형성했다는 진화사적 대사건을 전혀 모른 채, 초기 호모 사피엔스들과 그 조상들은 산과 숲 근처에서 빙하기를 견뎌내며 서식했다.

약 1만 2000년 전, 홀로세가 시작되며 날씨가 온화해질 무렵, 인류는 최초의 정착 생활을 도모했다. 마을은 그렇게 탄생했다.

물론 정착 생활과 마을 생활을 처음 시도했던 이들은 숲을 떠나지 않았다. 최초의 마을은 숲 가까이에 있었다. 과일과 잎, 수액, 버섯, 동물 같은 영양원을, 목재와 돌이라는 건축 자재와 가구 자재를, 목재라는 땔감(난방원, 요리의 필수품)을 얻으려면 숲 가까이에 깃들어 사는 것이 긴요했을 것이다.

생명을 살려주는 원천(原泉)의 장소인 숲에 대해 신성하다고 여긴 고대인의 감성은 충분히 이해되고도 남는다. 그들은 숲을 성스러운 곳, 어머니 숲으로 여겼다. 숲은 신들이 사는 곳이며, 인간은 그곳을 떠나서는 결코 살 수 없다는 인식이 그들을 지배했다.

하지만 성스러운 곳이면서도 일정하게 침범하지 않을 수 없는 곳이 숲이었다. 가까이 가서는 안 되는 당위와 가까이 가서 일부를 훼손해야 하는 당위. 이 두 요구가 모순(矛盾), 즉 창[矛]과 방패[盾]처럼 공존했고 길항했다.

숲에 관한 이러한 고대인의 양가감정을 『길가메시 서사시』는 잘 보여준다. 우루크를 지배하는 왕 길가메시와 괴력의 야만인인 엔키두는 처음에는 싸우지만, 승패가 갈리자 이내 친구가 된다. 그리고 둘은 삼나무 숲의 신 훔바바를 찾아가는 새로운 모험에 착수한다. 처음 훔바바의 거처인 삼나무 숲을 발견했을 때 이들은 "그 자리에 얼어붙어 깊고 높은 숲을 응시"했고, "진정한 아름다움이 상존하는 그곳에는 신들이"

산다는 사실을 알아채지만,* 그렇다고 훔바바를 잡겠다는 계획을 포기한 것은 아니었다. 결국 길가메시와 엔키두는 훔바바를 죽이고 마을로 돌아온다.

훔바바를 죽이고 거대한 삼나무들을 베어 돌아온 고대인들은 집과 공회당, 방앗간 같은 건축물을 지었고, 가구를 제작했으며 불을 때 방을 데우고 요리를 했다. 나중에는 종이와 책과 붓을 만들고, 호롱불을 만들고, 악기를 만들고, 복식과 궁전을 만들어 예약(禮樂) 또는 문명(文明)을 세웠다.

숲의 가치가 세세손손 전달되자 후손들은 아예 마을에 숲을 조성했다. 지금도 마을 안에, 마을과 마을 사이에 보이는 마을숲은 이렇게 탄생했다. 서쪽 땅 로마의 보르게제 파크도, 동쪽 땅 경주의 계림도 마을숲이다. 물론 서울 한강변의 서울숲도 마을숲의 현대적 형태이다.

비교적 쉽게 들어갈 수 있는 미을숲이든, 여장(旅裝)을 챙겨 떠나야 들 수 있는 제법 먼 곳의 원시림이든, 숲은 새로운 상상력과 삶의 보고였다. 인간의 마을에서 지친 자, 도태된 자는 일종의 여행자가 되어 마을을 떠나 숲에 들었다. 숲에서

---

* 인용문은 자부리 가줄, 앞의 책, 14~15쪽에서 재인용.

는 존재의 원기를, 삶의 원동력을 소생시킬 수 있었기 때문이었다.

이렇게 보면, 숲은 인간이 온 곳이자 인간의 마을이 시작된 곳이며 인간을 살려주는 곳이자 회복시켜주는 곳이다. 숲은 처음부터 인간에게 '품'이었고, '어머니'였다. 태어나면 태(胎)를 산림에 묻고, 조상의 시체를 산소(山所)에 묻었던 고려인의 풍속은 산림의 모성(母性)에 대한 인식에 기초한 것이었다. 인간이 문화적 존재자라면, 숲은 인간의 문화적 생존을 가능하게 한 모성의 시원(始原)이었다. 길가메시와 엔키두는 홈바바를 살해했지만, 그 후손들은 마음 깊은 곳에서까지 숲의 신 홈바바를 지울 수는 없었다.

인류 보편적이었던 이러한 정신의 전통은 1800년을 전후한 시점에서 인간이(정확히는 유럽인이) 지하에 매장된 (석탄과 석유의 형태로 되어 있던) 탄소 덩어리를 꺼내어 연료로, 원재료로 쓰기 시작하면서 붕괴되기 시작했다. 약 3억 8000만 년 전, 목질을 지닌 나무들이 지구의 육상을 점령하기 시작하여, 약 1억 년 동안 대기권의 탄소를 (살아서는) 자기들의 체내에 그리고 (죽어서는) 석탄과 석유의 형태로 지하에 붙들어두었는데, 이것을 꺼내어 쓰기 시작한 것이다. 이것이 현재 우리의 삶을 발목잡고 있는 탄소 자본주의, 탄소 문명의 시작이었고, 20세기의 찬란한 석유화학 문명도 현재의 전 지구적 기후 위기도 여기에서 발원했다.

2018년 한반도의 지독한 폭염. 2019년 한반도의 가을 태풍과 겨울 가뭄. 이것은 지구 전역에서 일어나고 있는 이상(교란된) 기후의 극히 일부분일 뿐이다. 가이아가 지독한 몸살을 앓고 있으니 포스트 탄소 자본주의의 모색은 이제 흔들 수 없는 인류의 당위가 되었다. 마을과 숲의 운명은 하나가 되었다.

02
숲 산책의 즐거움

우리는 아주 가끔씩만 영혼을 소유하게 된다.

비스와봐 쉼보르스카

소박한 순례

아름드리나무들이 짙은 그늘을 드리우고 있고, 한 사람 정도만 겨우 지나갈 정도로 조붓하며, 구불구불하고, 포장도 되어 있지 않은 산의 흙길. 또는 좌우로 호위병 같은 나무들이 줄느런히 서 있고 옆으로는 깎아지른 낭떠러지가 있는 산등성이 길. 집 기꺼운 곳에 있는 나무 울창한 숲길은 숲 지붕이 직사광선으로부터 우리를 보호해준다는 점에서, 문득 마음 났을 때 내 마음대로 거닐어볼 수 있다는 점에서 가깝고 정겹다. 이곳에서는 '음미하는 존재'와 '보행하는 존재', 이 두 존재가 걷는 신체 안에서 행복한 조화를 이루고 보행자는 소박한 순례로 초대된다.

작가 김훈은 『자전거 여행』에서 "숲 속으로 자전거를 저어 간다"고 썼지만, 숲 속으로 두 발을 저어가다 보면 마음의 무사태평(無事泰平)이 찾아온다. 호젓한 소요의 맛이, 사물에 경탄(taumazein)할 마음의 여유가 깃드는 것이다. 무사태평함, 경탄하는 마음은 산책자의 내면에서 새롭게 생겨나는 것이 아니라 내면에 짓눌려 있다가 부활한다. 내가 숲길을 찾고 또 찾는 것은 사실 이 부활을 체험하기 위해서다.

내 안의 작은 성당

영국 작가 안토니 곰레이(Antony Gormley)와 데이비드 치퍼필드(David Chipperfield)는 나무의 상부를 잘 관찰할 수 있는 전망대를 세웠다.[*] 18미터 높이로 된 이 콘크리트 건물(설치미술 작품이다)에 접근한 이는 사방이 막힌 나선형 계단을 따라 올라 꼭대기에 이르게 된다.

이 작품을 소개한 알랭 드 보통과 존 암스트롱이 강조하는 것처럼, 나선형 계단 공간은 무엇보다도 관찰자가 정신을 집중할 수 있도록 하기 위해서 고안된 것이다.[**] 아무렇게나

---

[*] 2008년 작, 키빅 파빌리온, 스웨덴 키빅 아트센터(kivic art center) 내 설치

[**] 알랭 드 보통, 존 암스트롱, 『영혼의 미술관』, 김한영 옮김, 문학동네, 2013, 158~159쪽

생각하고 걸었던, 오감각을 지나치게 활용했을지도 모를 우리의 심신은 이 폐쇄된 나선형 계단을 오르는 동안 차츰 고요해지고 단순해질 것이다. 고요하고 단순한 공간이 고요하고 단순한 마음을 이끌어낼 것이라는 믿음, 집중하는 존재가 될 때 자연의 경험도 풍요로워질 것이라는 믿음이 이 설치미술 작품의 설계자들 머릿속에 있었다. 마음을 고요히 하고 숲을 만끽하라는 것이다.

이 전망대의 나선형 계단 같은 것을 우리의 마음에 곧장 깔 수는 없는 걸까. 천장 높은 엄숙하고 조용한 성당은 그 어떤 실내 공간보다도 기도하려는 마음을 더 잘 불러내겠지만, 장소가 어디든 내가 충분히 침잠할 수 있다면 안식(安息)의 기도가 가능하지 않을까.

오늘도 나는 나만 아는 숲의 안식처에 찾아가 잠시 눈을 감고 느리게 걸어 본다. 원을 만들어 맴을 돌아본다. 내 숨과 발길에 그리고 내면에 집중해본다. 높은 곳에서 전체를 보고 싶은 욕망은 내게도 있지만, 이곳 아닌 다른 곳에 가서 마음의 평정을 도모할 이유가 내게는 없다.

유산(遊山)

우리는 빙하기와 빙하기의 사이, 잠시 나타난 행복한 기후 시대(간빙기)인 홀로세를 살아왔지만(정확히는 살아왔다고 착각했지만) 오늘날 지질학자들은 이 지질 시대가 종말을 고했다고 보고 있다. 여름철의 폭염, 겨울철의 혹한, 잦아진 국지성 폭우와 가뭄과 태풍 그리고 미세먼지 지옥이 우리의 일상과 감각을 뒤바꾸고 있다. 기후가 중대한 삶의 변수가 된 시대가 도래했다.

청화(淸和)한 기운이 감도는 날씨. 우리 시대엔 이런 날씨 자체가 소중한 삶의 기회가 된다. 비 온 후 맑게 갠 하늘, 산뜻하고 청명한 공기, 눈과 얼굴로 쏟아져 부서지는 맑은 빛살 그리고 볼에 닿았다가 어느새 사라지는 산들바람. 대기의 온도가 "인체에 이상적인 온도이며, 모든 감각과 평온하고 단순한 삶의 기쁨이 꽃피울 수 있는 온도, 한마디로 말하자면 행복의 온도"*인 날. 이런 날이면, 나는 만사를 접어둔다. 이런 날에 나는 직장에, 사회에, 국가에 속하기보다는 지구와 우주에 속하는 자, "무한 세계의 시민"**으로 살아야 하기 때문이다.

이런 날, 나는 나만의 의례(ritual)를 갖는다. 조촐한 차례(茶禮)인데, 내게 생명을 주셨고 내 생명에 와 있는 조물주에게 차를 올리는 이벤트다. 차례는 날씨의 청화함에 화답(和答)하는 한 가지 형식이다.

화답함이 가장 잘 있음(soundest-being)이 되는 때가 있고, 그런 때엔 만사를 제쳐두고 화답에 몰두해야 한다. 그러나 이 화답이 진실되고 정성 깃든 것이려면, 나는 충분히 가라앉아 고요해지고 단순해지고 소박해져야 한다. 차례를 화답의 형식으로 추구하는 까닭이다. 두 손을 옹송그려 쥔 자그마한 찻잔. 옹송그린 마음. 안으로의 집중. 그렇게 찻자리에

---

* 모리스 메테를링크(Maurice Maeterlinck)의 글이다. 알랭 코르뱅 외, 『날씨의 맛』, 길혜연 옮김, 책세상, 2016, 84쪽에서 재인용.
** 카미유 플라마리옹(Camille Flammarion)의 표현이다. 알랭 코르뱅 외, 앞의 책, 78쪽에서 재인용.

있노라면 나는 어느덧 손톱만 한 곤충에서 한 송이 꽃으로
변해 있는 것만 같다.

＊

　산 속 좋은 숲을 소요하는 일도 이런 의례와 비슷하다. 청
쾌한 날씨에 화답하는 최적의 한 형식은 숲길을 거니는 것
이다.

　마음 내키는 대로 산의 숲길을 거니는 일을 옛 사람들은
유산(遊山)이라고 불렀다. 이 말은 왜 우리 시대엔 쓰이지 않
게 된 걸까? 등산(登山)이 산행의 전부인 양 생각되면서, 산에
서 노닐고 거니는 전통이 소멸되면서, 유산이라는 말도 빛을
잃고 말았지만 이 말은 복원되어야 마땅하다.

　나는 등산이 아니라 유산을 하러 산에 간다.

　등산가의 마음을 지배하는 것은 극기와 초월의 욕망이고
즐거움이다. 자기의 한계를, 지구의 형체를 몸으로 알아보는
것이 그이의 목표여서, 등산가는 사지의 모든 능력을 동원하
여 어떻게든 정상에 오르려 한다. 정상에 올라 새로운 세계를
오감으로 만나는 것 그리고 그 과정에서 자기 자신을 넘어서

며 자기 자신의 새로운 지평을(이 지평은 앎이나 깨달음의 지평일 수도 있을 것이다) 열어내는 것이 등산가가 희원하는 바일 것이다.

유산을 하는 이는 이와는 전혀 다른 색감의 소망을 품고 산에 든다. 산을 거닐고 노닐 때, 이리저리 목적 없이, 일정한 방향 없이, 허랑한 마음으로 산책할 때, 그 산책자가 바라는 것은 그런 활동의 부수적 효과(이를테면 운동 효과) 같은 게 아니다. 자연의 감상이나 자연에 대한 깊이 있는 독해 같은 것도 아니다. 싱그러운 녹엽이 내뿜는 산소, 침엽수가 발산하는 피톤치드, 우거진 녹엽이 주는 청쾌함을 충분히 만끽하는 것도 아니다.

산을 소요하는 사람이 바라는 것은 오직 하나. 천연한 자연을 닮는 것. 우주가 바라는 것과 자신이 바라는 것이 일치하며, 청화한 우주와 청화한 사기 미음 사이에 아무런 간극이 없는 상태에 처하는 것. 산이라는 하나의 세계가 곧 자기 자신으로 여겨지는 상태의 지속뿐이다.

영점의 시간

중국 청대의 화가 화얀[華嵒]의 그림 중 〈부귀평안도(富貴平安圖)〉라는 작품이 있다. 그런데 '부귀평안'이라는 말에는 모순이 있다.

빈곤에 허덕이는 이의 마음은 성마르기 쉽다. 빈곤하기만 하면 평안하지 않다. 이 상태를 벗어나고자 부귀를 추구하게 되지만, 문제는 부귀에는 끝이 없다는 것이다. 지나치게 포실하게 살며 높은 사회적 지위를 점유하는 이는 소유와 삶(존재)을 맞교환하며, 그칠 줄 모르는 소유욕, 명예욕의 길로 접어들 위험에 노출된다. 부귀하기만 하면 평안하지 않다.

요컨대, 빈곤한 상태도, 부귀한 상태도 그 자체로는 마음의 평정과는 가깝지 않다. 두 유형 모두 광속으로 나타났다 광속으로 사라지는 신상품, 신정보의 고속 이동 속에서, 고속의 결제가 더 큰 이익으로 이어지는 현실 속에서 성마르고 재바른 행동으로 곧잘 이어진다. 한쪽은 결핍감과 함께, 다른 한쪽은 충족감과 함께. 그러나 다른 한쪽의 충족감 역시 얼마 가지 않아 휘발되고 말 허망한 충족감이기 쉽다.

신상품, 신정보의 홍수, 광속의 업그레이드와 하이테크, 동료 압박(Peer Pressure)의 한복판 속에서, 불안한 고용시장과 경제환경 속에서, 초고속의 항진을 멈추지 않고 살아가는 우리 시대의 도시인은 폭풍우를 뚫고 항해하며 고향을 찾아가는 고대의 모험가 율리시즈를 닮았다.

폭풍우라는 악조건 속에서도 마음의 평정을 잃지 않고 자신만의 속도로 항해해 고향에 도착할 길은 없는 걸까? 그러려면 우리는 절대적인 삶의 기율에 자기를 견고히 결박해야만 한다. 개인이 삶의 속도와 취사선택에서 자신만의 절대 기준을 구비해야 하는 것이다. 또는 외부 자극에 반응해 일어난 모든 욕망을 압도하는 절대적인 마음의 힘을 자기 안에 갖추어야 한다.

'영점'이라고 부를 만한 시간의 점은 절대적 마음의 힘을 강화하는 데 큰 도움이 된다. 우리 자신의 근과거를 되돌아보고 근미래를 내다보며 기획하는 근본적 사색의 시간. 마음의 분주함과 생각의 번다함을 끊임없이 촉진하는 당대라는 조건에서 우리는 오직 이런 시간의 체험을 통해서만 우리 안의 절대 심력(心力)을 강화할 수 있다.

내게는 산 속 숲을 어슬렁거리는 시간이 그런 **영점의 시간**이다. 허정허정 내 마음대로, 내키는 대로의 속도로, 느릿느릿 숲속을 걷다 보면 앞에 놓인 선택지들을 찬찬히 돌아볼 마음의 여유가 깃드는 것이다. 나 자신의 삶과 세계를 다시금 살펴보게 되는 '오버뷰 이펙트(Overview Effect)'가 호젓한 숲길을 산책하다 보면 자연스럽게 찾아온다. "숲은 우리의 소소한 고민을 더 폭넓은 관점에서 보게 해"*주는 것이고, 폭넓은 또는 근본적 관점에서 자신의 현실을 새롭게 바라볼 수만 있다면, 마음의 여유와 평정은 우리의 것이다.

이런 마음의 결실은 자못 심대하다. 보다 더 신중하고 지혜롭게 나만의 절대적 기준에 따라 선택할 수 있게 되고, 그때까지 미처 생각하지 못했던 새로운 미래의 그림 또한 그려

---

* 리처드 포티, 『나무에서 숲을 보다』, 조은영 옮김, 소소의책, 2018, 22쪽

볼 수 있으니까. 산을 어슬렁거리는 시간, 즉 유산(遊山)의 시간은 여유와 평정과 지혜로 우리를 인도한다.

소요 (逍遙)

스케줄은 서기 6세기경 베네딕트 수도회에서 만들어진 개념이다. 게으름과 낭비를 염오(厭惡)했던 베네딕트 수도사들은 하루 시간이 조금이라도 새어나가지 않는 생활에 몰두했다. 모든 활동을 적기, 적시에 수행한다는 스케줄이라는 발상은 그렇게 처음으로 세계에 출현하게 된다. 기계로 작동하는 정확한 시계를 처음으로 고안한 것도 바로 이들이었다.[*]

　때를 놓치지 않는 삶이라는 삶의 양식은 얼마나 요긴한가. 절제 있는 행동이 요구되는 시간. 독일어 '스툰데(Stunde)'는

----

[*] 이종건, 『살아 있는 시간』, 궁리, 2016, 83쪽

그런 시간을 지시하는 단어다.

하지만 질서는 무질서와 어울려야만 하고, 시간(여기서는 스툰데)은 무시간의 압력 속에서만 존재해야 좋다. '스툰데'의 반대말인 '자이트(Zeit)'는 무절제한 행동으로 소비하는 시간, 무의미하게 흘러가서 없는 것이나 마찬가지인 시간을 뜻한다. 우리가 바라는 것은 스케줄로 꽉 차 있는 시간 스툰데도 아니고 헛되이 흘러가는 시간 자이트도 아닌 시간이다. 어떤 충만함의 시간. 고대 그리스어 **카이로스**가 이러한 시간과 유사할 것이다.

❁

걷기는 스케줄 없는 시간의 큰 바다에 몸을 던지는 가장 간단한 방법이다. 걷는 이는 스케줄, 과업, 사회적 시간과 잠시 이별한다. 잠시간의 결별. 이것이 보행자를 다른 시간의 체험으로 인도한다. 걷는 사람은 잠시 '동떨어진' 사람이다. 사회적 의무와 관계, 소속단체와 지위, 페르소나… 이 모든 것에서 잠시 해방되어 오직 걷는 심신이라는 단순한 존재로 돌아갈 때, 우리에게 다른 시간이 열려온다.

다른 시간을 향유하는 걷기.

군이 이런 걷기를 지시해야 한다면 **소요**(逍遙)라는 말이 적당할 것이다. 소요는 충만한 시간을 체험하는 **특별한 삶**이다.

소요하는 인간의 충만한 시간 체험을 이종건은 예술적 삶의 체험이라고 본다. 스케줄에 결박된 선형적 삶에서 벗어나 새로운 시간성의 지평에 설 때, 예술적인 삶이 출현한다는 것이다.* 그렇다면 소요란 시간 체험을 넘어, 걷는 자기 자신을 예술작품으로 빚는 활동이다. 하지만 여기서 창작의 기획은 필요하지 않다. 천천히 유유자적 걸으면 그만인데, 우리의 신체 자체가 이미 하나의 예술작품이기 때문이다. 소요란 우리 자신의 실존과 삶을 작품화하는 체험이다.

소요하는 인간은 의도하지 않는 사람이기도 하다. 소요할 때 우리는 무엇이든 선택할 수 있는 것이 아니라 되레 선택의 자유로부터 자유로워진다. 아무것도 선택하지 않음을 선택할 수 있게 되는 것이다. 소요하는 사람은 발길 닿는 대로 걷는데, 발길이 어디로 닿을지 스스로 미리 알지 못한다.

세상의 시간을 다 가진 듯 유유히 걸어보는 시간. 오직 배

---

* 이종건, 앞의 책, 110~120쪽

고픔으로만 시간이 흘렀음을 알아채는 특별한 시간. 그 기적 같은 삶이 지금 이 시각에도 어딘가에서 우리를 호출하고 있다.

나지막함

'무엇인가를 이루었다'는 느낌(성취감)이나 '무엇인가를 획득했다'는 느낌(충족감)은 소비나 프로젝트 수행으로 가장 쉽게 체험 가능하다. 인간이란 미성취와 미충족의 상태에서 성취와 충족의 상태로 나아가려는 움직임에 다름 아니다. 우리가 소비와 프로젝트 수행에 몰두하는 건, 생존하기 위해서이기도 하지만 우리가 인간이기 때문이기도 하다.

소비와 생산을 과감히 저버리고도 성취감과 충족감을 충분히 느낄 수 있는 별도의 방도가 도대체 우리에게 있긴 있는 걸까? 숲은 이런 별도의 방도가 있는 곳이다.

숲에 들어선 이들은 세속에서의 모든 직위와 지위를 벗어버린 채 그곳에 들어섰다는 점에서 모두 평등하다. 이 평등의 세계는 귀향의 세계이기도 해서, 우리는 고향에 돌아갔을 때처럼 숲에서 다시 소박해진다. 욕심이 있다면, 기껏해야 숲의 동식물을 좀 더 알고 싶거나 숲의 색채와 소리와 향기를 좀 더 한껏 느끼며 숲과 교감하고 싶은 욕심 정도일 것이다. 세속에서 계산하고 눈치 보던 뇌는 이곳에서는 무력하다. 아니 설 자리가 없다. 숲에서는 누구라도 빈털터리 신세가 되고 마는 것이다.

나만 아는 숲길을 나만 아는 속도로 천천히 걸어볼 때, 식물들이 내뿜는 피톤치드 속에서 아무 할 일 없는 '무위의 인간(Homo Otiosus)'이 되어 잠시나마 인생의 달디 단 휴식을 즐겨볼 때, 심신에는 이를테면 적막 같은 것이 찾아든다.

이 적막 같은 것을 나는 **나지막함**이라고 부르고 싶다. 숲은 우리를 나지막하게 해준다. 숲에서 충분히 쉴 때, 우리 안의 말소리와 욕망의 높이는 낮을 대로 낮아진다.

우리를 나지막하게 하는 깊은 휴식은 숲에서 단번에 체험되지 않는다. 첫 단계는 단순화된 동작을 반복하는 동안 심신이 안정 모드로 차차 전환되는 것이다. 인적 드문 숲길의 소

리와 색채, 향기가 이것을 도와주어서, 우리는 다른 어떤 곳보다 숲에서 쉽고 빠르게 안정 모드로 진입한다.

심신의 안정도가 높아질 대로 높아져 티핑 포인트에 이르면 심신은 표류의 모드에서 정박의 모드로 돌연 전환된다. 세계를 표류하던 심신은 어떤 임계점 후로는 세계에 머무는 존재가 된다.

나는 걷는다, 고로 머문다.

숲길 거닐기에는 이런 재미있는 역설이 있다.

실제로 어떤 숲은 우리의 시선과 발걸음을 붙든다. 우리는 자신도 모르는 사이에 멈추어 서는데, 이때는 잠시 눈을 감고 새롭게 숨을 쉬어야 한다. 숨쉬기는 우리 자신과 세계를 쇄신한다. 깊이 들이쉬면, 작가 김훈의 말대로 "들숨은 몸속의 먼 오지에까지 스며"든다. 그리고 어떤 "몽상 속에서 숲은 대지 위로 펼쳐놓은 숨의 바다"가 되고, "숨이 닿는 자리마다 숲은 일어"서는 것이다.* 이때 세계는 다시 시작되고 우리는 다시 태어난다.

---

* 김훈, 『자전거 여행 1』, 문학동네, 2014, 96쪽

평온한 쾌활함

영국의 고생물학자 리처드 포티(Richard Fortey)는 가장 의미 있는 인간의 본성이 호기심이라고 단언한다. 포티가 보기에 "호기심은 확신의 적"이다. 아울러 타인을 사악한 인간이라고 단죄하는 확신이야말로 전쟁과 학살의 배경이었다고 그는 생각한다.[*] 단죄하는 확신이 전쟁과 학살을 낳는다면, 상대에 대해 알고 싶어 하는 호기심은 앎과 친교를 잉태한다.

숲은 호기심이 발동하기 쉬운 곳이다. 숲길을 유유자적 걷노라면 새소리의 주인공이 누구인지, 왜 이 나무에 이런 모양

---

[*] 리처드 포티, 앞의 책, 14쪽

의 버섯이 자라고 있는지, 개미군단이 지금 어디로 무엇 때문에 저리 바삐 이동하는지 궁금해지는 것이다.

호기심과 더불어 찾아드는 감정은 경이감이다. 숲길에서 우리는 새와 버섯과 개미의 놀라운 세계에, 숲과 세계 자체의 경이($\theta\alpha\nu\mu\acute{\alpha}\zeta\epsilon\iota\nu$)에 노출된다. 숲은 알 것 천지인 경이로운 도서관이라는 자각이 문득 산책자에게 찾아오고, 산책자는 극히 자연스럽게 호기심 넘치고 감탄할 줄 아는 상태로 진입한다.

하지만 숲길에서의 체험은 이 같은 '존재의 개방'에 국한되지 않는다. 우리는 한껏 열리면서도, 충분히 가라앉는다. 숲 사이를 소요하는 이는 어떤 촉촉한 경이감 속에서 자신의 마음이 주변계(우주)에 부드럽게 열리지만, 동시에 마음이 돌연 조용해지고 한가해지는 '가라앉음'이라는 상태 또한 경험한다. 두 가지 운동이 동시에 그 사람의 마음자리에서 일어나는 것이다.

'뜸 속의 가라앉음' 혹은 '가라앉으며 뜸.'

한쪽에서는 열림과 방사(放射)의 운동이, 다른 한쪽에서는 회귀와 집중의 운동이 같은 시공에서 일어난다. 열림과 방사는 우리를 뜨게 하지만, 회귀와 집중은 우리를 가라앉게

한다.

이 두 상반되는 운동의 총합을 **평온한 쾌활함**(Heiterkeit)
이라 부르면 좋을 것이다. 평온한 쾌활함이란 자기의 삶을 즐
겁게 통솔할 수 있다는 자신감에서 나오는 마음의 여유, 무사
태평한 마음, 타자를 향한 호기심과 관용, 경탄하는 마음, 무
한으로 자신을 개방할 수 있는 능력, 이 모든 것을 동시에 함
축한다. 에피쿠로스, 데모크리토스, 세네카 같은 서구의 철
학자들 그리고 노자나 소강절 같은 중국의 사상가들이 말한
'평정의 즐거움' 말이다.

평온한 쾌활함을 경험할 때, 우리의 마음은 한껏 고양
(高揚)된다. 우리가 바라는 우리 자신으로 진화하고자 하는
어떤 치명적 욕망에 사로잡히게 되는 것이다. 우리 자신의 고
양의 의지를 격려하는 듯한 장대한 거목의 의연한 기상은 이
러한 욕망을 추가적으로 부추길 뿐이다.

치유하는 숲

독일어 게뮤틀리히(gemütlich)는 '편안하고 기분 좋은 상태'
를 뜻하는데, 우리 인간에게는 이러한 상태를 지향하는 본성
이 있다. 중국의 철학자 소강절(邵康節)도 이와 비슷한 말을 한
적 있다. '인심상요활(人心常要活), 즉주유무궁(則周流無窮).' 인간
의 마음은 늘 활기차야 하고, 어디든 가지 못하는 곳 없이 통
쾌하게 뚫려 있어야 한다는 말이다.

지치고 상처받았을 때, 마음이 갑갑할 때 우리는 게뮤틀
리히 또는 마음의 활기를 찾아 다른 행동을 감행해야 한다.
말하자면 비일상적이고 비관행적 행동에 돌입해야 한다. 술,
마약 같은 도취의 길을 피한다면, 아마도 가장 손쉬운 건 삶

의 장소를 잠시간 바꿔보는 것이다. 어디론가 떠나고 보는 것 말이다.

일단 떠나고 보자! 그러나 어디로 가는 게 좋을까?

사람마다 선호하는 목적지가 있겠지만, 내게 최적의 장소 는 언제나 숲이다. 숲에 들어 게뮤틀리히를, 마음의 활기를 되찾지 않은 적이 없기 때문이다.

❀

그렇다면 나는 대체 어떻게 숲에서 마음의 활기를 되찾 았던 걸까? 그때 그곳에서 나는 어떻게 쾌적한 기분을 느꼈 던 걸까?

숲 산책자가 숲에서 하게 되는 감각 체험은 대단히 물리적 이고 객관적인 성격을 띤다. 객관적으로 또는 계(정)량적으로 이야기할 수 있는 감각은 시각, 청각, 후각이다.

숲의 녹색은 "심신의 평온함을 주고 집중력을 키워준다." 숲에서 들을 수 있는 소리는 1/f 리듬으로, 이 소리를 들으면 부교감신경이 활성화되어 뇌에서 (마음의 안정을 상징하는) α

(알파)파가 증가한다.[*]

　숲의 향기는 인체에 어떤 효과를 낼까? 인간의 후각은 다른 감각에 비해서 감성에 직접적이고 깊은 영향을 미친다고 한다. 향기는 지각과 인식에 관계되는 대뇌피질을 거치지 않고 곧바로 감성과 관계되는 대뇌변연계로 직행하기 때문이다.[**] 숲에서 우리의 후각을 자극하는 대표적인 물질은 피톤치드(phytonchid)라는 일종의 오일이다. 피톤치드는 거의 모든 숲 식물들이 발산하지만 특히 많은 양을 발산하는 건 잣나무, 삼나무, 소나무, 향나무, 가문비나무, 측백나무, 주목, 메타세쿼이아 등 침엽수들로 알려져 있다. 피톤치드는 본디 식물들이 유해 미생물과 유해 곤충의 공격을 막기 위해 분비하는 물질이지만 어찌된 영문인지, 인체의 면역계를 강화하고 (암세포를 죽이는 NK 세포가 증가함으로써 자연스럽게 면역계가 튼튼해진다) 염증을 완화하며, 스트레스와 울분, 불안, 높아진 혈압을 진정시키고, 심폐 기능을 강화하며, 수면을 도와준다.[***]

＊ 김외정, 『천년 도서관 숲』, 메디치미디어, 2015, 32~33쪽

＊＊ 김외정, 앞의 책, 40쪽

＊＊＊ Qing Li, *Forest Bathing*, Viking, 2018

초록빛, 1/f 리듬, 피톤치드 향은 숲길 산책자가 숲에서 가장 쉽게 만날 수 있는 친구들이다. 더욱이 숲길을 걸으면 우리는 인체 상부에 혈류가 집중되는 상태를 벗어나 하부와 상부에 혈류가 고르게 흐르는 신체의 균형 상태를 회복하게 된다. 숲 산책의 시간은 이처럼 우리에게는 회복, 치유, 휴식의 시간이다.

평소 오감각을 너무 적게 쓰고 살아가는 사무형 인간이라면, 신체의 상부에 혈류량이 지나치게 많았다면, 노동하고 생산하면서 교감신경을 과다하게 활성화시켰다면, 숲에 들어야 한다. 우리에게 감각이 있는 한 우리는 이곳 숲에서 치유된다.

숲은 자활(自活), 자가 치유의 장소다.

물오여(物吳與)

'산림 테라피'라는 말은 2003년 창안된 신조어지만,* 이 말이 창안되기 이전에도 많은 이들이 산림에서 치유 받았다. 그러나 '산림 테라피'라는 용어는 주목할 만한데, 이것은 "과학적 증거로 입증된 산림욕 효과"를 뜻하기 때문이다. 산림 테라피의 목적은 "너무 강한 교감신경의 활동을 진정시켜서 생리적 이완 상태를 유도하는 것"이다. 산림 속에서는 부교감신경이 활성화 (항진)되어 신체의 생리적 이완 상태가 쉽게 만들어지는데, 이렇게 되면 면역계가 강화되어 병에 걸리지 않는 신체를 만

---

* 히라노 히데키 외, 『산림 테라피』, 한국산림치유포럼 옮김, 전나무숲, 2011, 28쪽

들 수 있다는 것, 이것이 산림 테라피론의 기본 줄기다.*

물론 이것이 다라면 너무 싱거운 이야기일 것이다. 『산림 테라피』의 저자들은 산림 테라피 효과를 가능케 하는 요소로 '쾌적성'을 지적한다. 이들이 말하는 쾌적성이란 "인간과 자연환경 사이의 리듬 동조(entrainment)"를 말한다.** Entrainment라는 단어는 분야마다 상이한 의미로 쓰이지만, 생물음악학(biomusicology)에서는 '음악이나 춤의 리듬 같은 외부의 리듬에 유기체가 동화(同化)되는 상태'를 뜻한다. 산림테라피론에서 말하는 Entrainment는 위와 같은 의미의 리듬 동조로서, 인체는 주변 자연계에서 감지되는 리듬에 동화될 때 쾌적함을 느낀다는 것이다. 이러한 리듬 동조 상태에서 쾌적함을 강렬하게 경험하면 자연스럽게 신체는 생리적으로 이완될 것이다.

---

* 히라노 히데키 외, 같은 책, 같은 쪽
** 히라노 히데키 외, 같은 책, 30쪽

산의 숲에 들면 정말로 리듬 동조를 경험할 수 있는 걸까? 인류학자이자 철학자인 데이비드 애브럼(David Abram)은 산속에서 자신이 체험한 리듬 동조 체험에 관해 흥미로운 이야기를 들려준다. 그는 이 체험의 결정적 특징인 '내외미분화성'에 관해 이렇게 쓰고 있다.

숨을 내쉬자마자, 주변 세계에 마음이 다시 흘러가도록 허락하자마자 우리는 새로운 이완과 자유를 느낀다. 다른 동물, 식물, 절벽 그리고 물길 들이 이제는 사건들의 진행 속에서 참여하는 이들이 된다. 그러므로 이것들은 우리가 선택하는 대로 사태가 일어나도록 우리에게 덤벼들지 않는다. … 이제 우리는 거대하며, 천천히 전개되는 신비와 한통속이다.*

중요한 것은 '주변 세계에 마음이 흘러가도록' 내버려둔다

---

* David Abram, *Becoming Animal*, Vintage Books, 2010, pp. 131~132.

는 것이다. 마음이 자아를 향한 관심을 거두는 이때 우리는 무명(無名)인 채로 겸허히 세계에 참여하는 참여자가 된다. 다른 무수한 것들이 참여하고 있는 과정에 일자(一者)로 참여하고 있다는 생각이, 그 과정에 우리 자신이 녹아들어 하나 되고 있다는 생각이 찾아들면, 이완과 자유는 우리의 것이다.

이것은 중국 북송시대의 철학자 장재(張載)가 말한 '물오여(物吾與)'의 경지이기도 하다. 내가 나라고 착각하는 것[吾]과 내가 나는 아니라고 생각하는 것[物]. 이 둘은 리듬 동조를 느끼는 어떤 순간에는 '한통속'이 된다. 즉, 둘이 아니고[不二] 하나다.

데이비드 애브럼은 이런 체험을 이야기할 때 '특정 세계로의 내 마음의 잠김'이라는 측면보다 '특정 세계의, 내 마음으로의 진입'이라는 측면을 강조한다. 말하자면 내가 주변 자연계에 포섭되는 과정이 아니라 주변 자연계가 내게 틈입해 들어오는 과정을 더 잘 봐야 한다는 것이다.

이것을 강조하며 애브럼이 동원하는 표현은 장소 자체가 지닌 '특정한 의식(particular awareness)' 그리고 '고유한 스타일의 지능(unique style of intelligence)'이다.* 모든 장소는 그

---

* David Abram, *ibid*, p. 132

장소만의 의식을 지닌 채 깨어 있고, 고유한 스타일의 자연 지능을 지니고 있다는 이야기다. 저마다의 장소가 지닌 "저마다의 분위기는 거기에 함께하는 이들에게 자신만의 활발한 생명 에너지를 전송한다."* 애브럼에 의하면, 만일 산림에서 테라피의 체험이 가능하다면 무엇보다도 산림 내 어떤 장소가 특정한 의식과 지능을 지닌 채 모종의 생명 에너지를 장소에 참여하는 이들에게 전송하기 때문이다.

산림욕을 경험하는 사람은 몸으로 들어오고 몸에 끼쳐오는 특정한 장소세계를 경험한다. 온천욕을 하고 있는 사람에게 인체와 온천의 구분이 가능하지 않은 것처럼, 어느 한 장소를 느끼기 시작하고 그 장소가 내는 분위기, 소리, 리듬을 감지하기 시작한 사람에게 자신의 신체와 그 신체를 둘러싼 장소의 세계는 분리될 수 없다. 온천수가 온천욕 하는 이의 신체를 뜨겁게 데우고 마음을 가라앉히듯, 어떤 장소의 세계와 리듬은 그곳에 머물고 잠기고자 하는 이의 내부로 깊숙하게 침투한다.

이렇게 되면 이윽고 동화(同化)라는 결실이 찾아든다.

---

* *ibid.*

아주 천천히, 돌아온 계절이 반복해서 자신을 표현할 때, 그곳의 새들의 지저귐과 선율이 내 귀가 기대하는 것과 같은 것이 될 때, 바로 그때 내가 데려온 내 마음[靈]은 나를 둘러싼 더 넓은 마음에 안착한다.*

    여기서 '안착한다'라는 표현은 'settles into'라는 표현을 번역한 것이다. 'settle'이라는 표현은 다의적이다. '정착하다', '문제가 해결되다', '진정되다'라는 뜻을 모두 포함한다. 마음의 안착이란, 마음의 안식(安息)인 셈이다. 마음이 안식할 때 우리는 우리의 중심을 확보하며 무언가를, 어딘가를 찾아 헤매지 않게 된다[主—無適]. 꿈에 그리던 영혼의 고향에, 잊고 있었지만 떠난 적이 없던 큰 집에, 내 온 존재가 치유되는 곳에 도착한 것이다.

    치유 받고자 산림에 드는 우리가 진정으로 바라는 것은 면역계가 회복되고 강화된 강건한 신체만은 아니다. 그보다는 위에서 말한 '중심의 확보'다. 이것을 체험할 때, 우리 심신의 리듬은 정지하는 것이 아니라 천연한 생명의 리듬으로 회복

---

* *ibid.*

된다. 이는 마치 하구에 닿는 강물의 체험과 비슷하다. 하구에 도착한 강물은 그곳에서 멈추고 죽는 것이 아니라 더 큰 것, 즉 바다와 한 몸을 이루면서 새로운 리듬을 획득하며 그 존재를 지속한다.

인간의 세계 개방성

인간의 본질을 해명하고자 했던 유럽의 철학자들 가운데에는 동물과는 다른 인간의 결정적 특성을 '세계 개방성'이라고 불렀던 이들이 있다. 이 가운데 막스 셸러(Max Scheller)는 동물 일반에 대한 인간의 우월성을 주장하며 '정신(Geist)'을 가진 것은 인간뿐이라고 말한다. 셸러는 인간은 "무제한적으로 세계 개방적으로 행동할 수 있는 X"이며, 인간이 된다는 것은 "정신의 힘에 의해 세계 개방성으로 고양"되는 것이라고 본다. 여기서 '세계 개방적'이라는 말은 다른 동물처럼 자기 자신의 생존과 삶의 영토에만 매두몰신(埋頭沒身)해 있지 않고, 그것을 넘어 바깥 세계를 바라보고 또 그 바깥에서 자신을 바라볼 줄 앎을 뜻한다. 다시 말해 세계의 사물을 이해하려는 지향을 가지며, 자신과 자신이 처한 환경을 어떤 원거리에서 바라볼 수 있다는 이야기다. 이런 뜻에서 셸러는 오직 인간만이 '대상'을 가진다고 말한다. 관찰과 탐구와 이해 그리고 소유의 대상 말이다.*

정신이 유기체, 생명으로부터 해방되어 있으며, 바로 이 정신 때문에 인간은 동물과 확연히 다르다는 셸러의 주장은 허황되기 이를 데 없다. 하지만, 그가 정신의 근거로 제시한 '세계 개방성'이라는 개념만큼은 여전히 인간의 자기 이해에 유효하다.

또 다른 철학자 아르놀트 겔렌(Arnold Gehlen)은 셸러와는 다른 맥락에서 인간의 세계 개방성을 이야기한다. 겔렌에 따르면 오직 인간만이 생존의 압박과 무관하게 무언가를 배운다(학습한다). 다시 말해 오직 인간만이 생존 활동상의 부담을 면제 받는(부담면제) 시간을 가지는데, 그 시간은 바로 지나치게 긴 피양육 기간, 즉 어린 시절이다. 길고 긴 이 시간 동안 어린이는 세계에 마음껏 개방된 채로(생존의 압박에서

---

* 막스 셸러, 『우주에서 인간의 위치』, 이을상 옮김, 지식을만드는지식, 2012, 76~82쪽 참조

자유로운 채로) 지각 세계를 구축한다.*

이들이 말한 것처럼 인간의 결정적인 특성은 세계에 열려 있다는 것이다. 유기체가 아닌 채로, 유기체 따위와는 무관한 '정신'의 상태로 세계에 개방되는 건 아니지만, 분명 인간 개체는 세계에 개방된 상태에서 성장하고, 그 상태를 지속하면서 인간으로 성립한다. 인간은 호기심과 탐구심으로 사물을, 전체를 바라보고, 바로 그 눈으로 자신을 바라보는 독특한 존재이다.

비극적인 건, 먹고사는 문제에만 침잠하여 친사회적(pro-social) 존재로서 프로젝트 수행에만 몰두할 때, 더는 세계 개방적인 상태에 있지 못하다는 것이다. 우리는 그 시간 동안 인간으로서 우리가 갖는 본래의 지위를 잠시 상실한다.

반대로 집단과 프로젝트를 떠나 홀로 숲길에 접어들어 산책하는 산책자는 세계 개방성이라는 자신의 본질에 한걸음 가까이 다가간다. 호기심과 탐구심이, 세계(사물)에 탄복하는 마음이 되살아나는가 하면, (막스 셸러의 생각과는 정반대로) 자신의 몸을 감싸고 있는 물질 세계가 지각 주체(그 주체의 정

---

* 이에 관한 보다 구체적이고 상세한 내용은 아르놀트 겔렌, 『인간, 그 본성과 세계에서의 위치』, 이을상 옮김, 지식을만드는지식, 2015 참조.

신)와 분명하게 구분되는 외부 환경이 아니라 몸과 영혼에 바로 닿아 있는 연접된 세계임을 확연히 느끼게 된다. 숲의 향기, 소리, 맑은 공기, 아름다운 자태의 꽃 같은 외부 물질과 심신의 가뿐함과 상쾌함을 분리할 수 없음을 문득 자각하게 되는 것이다.

휴먼에서 휴머니멀로

풍경이 내면으로의 집중을 방해하는 것이 아니라 되레 도와
줄 때가 있다. 그 순간 숲의 경관은 걷거나 바라보는 산책자의
신체에 감겨온다. 어머니의 자궁에 감싸인 태아가 자궁의 환
경을 자신과 이질적인 환경으로 느끼지 않는 것처럼, 어느 순
간 바깥 경관은 산책자의 실존을 감싸준다.

　이런 순간을 체험하려면, 우리는 숲길에서 인간이라는 지
위를 과감히 포기하고 서둘러 그리고 적극적으로 동물이 되
어야 한다. 여기서 동물이 되어야 한다는 건 야만 상태로 전
락한다는 말이 아니라, 우주에서 받은 동물의 오감각을 되살
려야 한다는 뜻이다. 사실, 숲에서 무엇을 도모하든 우리가

의지할 수 있는 건 신체의 오감각뿐이다. 숲에 드는 행위 자체가 인체를 보호하고 확장하는 여러 문명의 이기(利器)를 포기한 채, 기껏해야 등산복과 스틱, 스마트폰 앱 정도에 의지하는 포유동물로 돌아간다는 것 아니던가? 숲에서 우리가 의지할 수 있는 것은 허약하기 이를 데 없는 영장류 포유동물의 신체가 거의 전부다.

서둘러 동물이 되려는 나에게 나의 신체적 허약성을 스스로 인정하는 것은 오감각을 재발견하고 재계발하는 일과 결코 모순되지 않는다. 아니, 서둘러 동물이 되려는 마음을 먹는 순간, 두 일은 하나로 포개진다. 입과 소화기관과 항문과 척추를 지닌 좌우대칭동물이라는 점에서, 숲 속 다람쥐나 곤줄박이와 별반 다를 바 없는 일개 동물임을 스스럼없이 인정하는 바로 그때, 나는 듣고, 보고, 향기 맡고, 맛보고, 느끼는 내 감각의 능력을 되살리려고 애쓰고 있는 나 자신을 발견하는 것이다.

충분히 동물이 되어 주위 자연계와 충실한 감각적 교감을 나눌 때, 우리는 이중의 해방을 체험하며 이상적 인간에 접근해간다.

첫 번째 해방은 자기분열, 자기소외로부터의 해방이다. 자신이 동물계의 일원임을 (관념의 차원에서) 부정하며 동물에게는 없는 고결한 영혼의 보유자라는 관념에 빠져 있지만, 실제로는 같은 동물로서 다른 동물들과 공유하고 있는 욕망에는 (몸의 차원에서) 쉽게 휘둘리는 자기분열 말이다.

다른 한편 자연계와 감각적인 교감을 충분히 나눌 때 우리는 자연계와의 연계감을 상실한 채 자연과 어떤 교감 작용도 하지 못하는 소외 상태에서도 자유로워진다.

한 걸음 더 나아가보자. 내가 동물계의 일원이라는 사실을 편안히 수용하고, 포유동물이라면 다 가지고 있는 오감각을 충분히 사용하면서도, 〈인간과시민의권리선언〉에 명시된 바 대로 존엄하고 자유로운 인격의 주체이자 지구가 만들어낸 독특한 유기체인 스스로를 느낀다면 어떨까? 그때 우리는 호모 사피엔스의 결정적 질병인 자기분열성을 극복하여 이상적 상태의 인간이 될 것이다.

두 번째 해방은 인간을 주체로, 세계를 인식이나 작용의 대상으로 나누는 이분법으로부터의 해방이다. 사실 이러한 인식은 근대의 이성중심적 사고가 지배 사고가 되면서부터 지금까지도 곳곳에 만연해 있다. 아도르노와 호르크하이머는 일찍이 『계몽의 변증법』(1969)에서 이러한 사고방식을 다

음과 같이 논한 바 있다.

> 지구 전체가 승리자인 인간을 위한 목격자다. 전쟁 중이
> 든, 평화시든, 투기장 속에서든 도살장에서든, 원시인들
> 의 계획적인 몰이에 결국은 굴복하는 코끼리의 죽음으
> 로부터 오늘날 볼 수 있는 동물 세계의 완벽한 착취에 이
> 르기까지, 이성 없는 피조물은 끊임없이 이성과 마주치
> 게 된다.*

이와는 정반대의 생각이라면 어떨까. 즉 지구 내 모든 유
기체 더 나아가 무기체와 유기체 모두가 인간과(나와) 동일한
수준으로 일종의 의식을 가진 채 깨어 있고 자신만의 고유한
지능을 가지고 고유한 활동을 한다는 생각 말이다. 이런 생각
이 내게 찾아올 때, 나는 주체/대상을 인간/자연을 이분해서
이해하는 생각에서 자유로워진다. 그 순간 나는 인식하려 하
지 않고 작용하려 하지 않는다. 대신, 상호간의 인식과 작용
을 감지하려 한다.

---

* 아도르노, 호르크하이머, 『계몽의 변증법』, 김유동 옮김, 문학과지성사, 2001, 364쪽.

헨리 데이비드 소로는 이렇게 썼다. "나는 나 자신 속에서 좀 더 높은 것을 향한 삶, 즉 흔히 영적인 삶이라고 일컫는 것을 추구하는 본능 그리고 원시적이고 야생적인 것을 추구하는 또 하나의 본능을 발견한다. 그런데 나는 이 두 가지를 모두 존중한다."* 하지만 그저 두 가지를 모두 존중하는 것만이 아니라 그 두 가지 욕구가 동시에 충족되는 시간이 분명 있다. 저기, 우리를 부르고 있는 숲속에는 분명 충분히 야생적이면서도 충분히 영적인 존재로 살 수 있는 순간이 있다.

---

* 헨리 데이비드 소로, 『소로의 속삭임』, 김욱동 옮기고 엮음, 사이언스북스, 2008, 72쪽. 번역은 필자가 일부 수정.

동물 되기

적어도 5~6만 년 전 이전의 고대 인류와 인류의 조상은 21세기의 현대인보다 훨씬 더 **생자연**(生自然)으로 존재했을 것이다. 그들은 자신들과 다른 생물들 사이에 큰 차이가 있다고 생각하지는 않았을 것이다. 또한 생물이든 무생물이든 존재하는 모든 것들이 대자연을 공유하며 대자연에 귀속된다는 감각과 믿음이 살아 있었을 것이다.

현대의 세속 생활이 내게 입혔던 모든 습속의 옷을 벗고, 생자연으로 생자연인 산과 만날 때, 나는 한편으로 어린아이가 되면서 동시에 인류의 어린 시절을 다시 사는 것만 같다. 나는 말하기 이전에 보고, 듣고, 냄새 맡고, 느끼며 주변의 다른 감지력(sentience) 있는 이들과 곧장 친구가 된다. 이성을 가진 인간으로서가 아니라 목숨 있는 존재로서 그들과 친구가 되는 것이다.

에로스에 빠진 연인들은 언어를 매개로 하지 않는 풍부한 인간의 표현 방식에 새롭게 눈뜬다. 또한 자기 안의 어린아이 같은 천성을 자각하고, 자신과 상대의 무릎과 발, 귀와 입술, 볼과 턱의 모양새 그리고 그 모든 것들의 아름다움과 가치와 의미를 새롭게 감각하며 기쁨에 젖는다. 연인들이 경험하는 심신의 상태는 호기심이 발동한 어린아이의 태도에서 묻어나는 부드러움과 열림의 상태로 모든 참다운 사랑의 원초적 상태이기도 하다. 포유동물로, 생자연으로 산에서 숨 쉴 때, 내게서 소생하는 건 바로 이런 에로스의 상태이기도 하다. 한마디로 충분히 숲과 사귈 때 나는 걸을 수 있고, 보고 듣고 냄새 맡을 수 있는 내 몸 전부가 한없이 감사하고 아름답게만 여겨진다. 만물이 친밀하게 느끼는 친화의 감정이 내 안에서 넘쳐나면 만물이 사랑스럽다.

이때는 내 안의 심층에 숨어 있던, 우주 만유에 감응할 줄 아는 내 안의 '우주적 존재'가 존재의 전면에 올라온다. 이것은 일종의 충족이다. 문명적 존재로서만이 아니라 우주적이고 생태적인 존재로서, 우주와 지구의 일자로서 살아가기라는 필요가 충족된 것이니, 충족이라 할 만하다. 도시에서 늘 위축되었던 내 안의 '우주적 나'가 이 순간에는 한껏 나를 채운다.

이런 충족감과 함께 하는 산행은 그러므로 물을 마시거나 똥을 싸는 행동처럼 분명 효용이 있는 행동이다. 수백만 년, 길게는 수천 만, 수억 년 전부터 생명의 물길로 굽이쳐온 나, 이 우주에 쓰이고 있는 이야기의 한 가닥으로서 살아가고 있는 나를 나의 심층에서 깨어내며, 나를 전일(全一)한 존재로 업그레이드하는 효용이다. 이런 산길 걷기의 순간에 나는 더 이상 파편적인 나, 분열된 나, 부분적 나, 부족한 나가 아니라, 하나로 통일된 나, 전일한 나, 충족된 나다. 산행이라는 형식을 빌려 문명적 삶의 휴식 속에서 내가 찾는 건 바로 이러한 전일한 존재 되기다.

전일한 자기 자신으로 회복되었다는 느낌과 더불어 우리가 체험하는 것은 어떤 **적막**이기도 하다. 생자연은 대개는 소리 없음, 즉 적막의 상태로 우리에게 온다. 과잉(폐기물)과 도덕이 없는 야생을 지배하는 리듬은 적막의 리듬이다. 사실, 이 적막의 리듬은 지금도 지구 곳곳을 지배하고 있다. 적막은 산의 바위, 물, 대기 그리고 지렁이, 거미, 나비, 딱따구리, 까치, 부엉이, 뱀 그리고 이들을 품고 사는 느티나무, 밤나무, 상수리나무 같은 수많은 생물, 즉 지구 내 만유의 결정적 표정이며 성격이다. 만유의 실존, 그 하부에 적막은 묵직하고 나지막하게 자리 잡고 있다. 이 세상의 모든 소리는 아직도 적막에 휩싸여 있고, 동물의 발화(언어와 소리)는 적막이라는 지배 리듬의 일시적 붕괴 현상이다. 이러한 진리를 산은 무서운 적막으로 가르쳐준다.

햇빛에 익어 콩알이 맺히고 땅의 냉기에 동치미가 익듯, 산빛에 침묵이 익어 내 안의 고요가 빚어질 때, 나는 더 이상 포유동물이 아닌 것 같은 착각에도 빠진다. 그때는 한 그루 오동나무나 물총새, 또는 강물의 입자가 되어, 굽어보며, 구비구비 흐르는 것만 같다.

03

나를 만나는 행복

집이여, 초원의 한 부분인, 저녁의 불빛인 집이여
너는 갑작스레 사람의 얼굴을 얻는다.
너는 안으며 안기며 우리 곁에 있다.
릴케

세계의 한순간

유년 시절엔 누구나 몽상가였다. 어린 시절 우리는 각자가 태어나고 자란 집에서, 집의 구석구석에서 몽상했다. 우리는 몽상하는 존재였다. 그리하여 유년 시절을 추억하게 되면, 우리는 유년 시절의 집을, 그 집의 구석구석을 자연스럽게 회고하게 되고, 이 회고 속에서 유년 시절의 몽상을 되살게 된다. 누구에게나 이런 최초의 몽상의 장소, 즉 유년의 집이 기억의 심층에 있다.

프랑스 현상학자 가스통 바슐라르(Gaston Bachelard)는 이 몽상의 장소를 '피난처'라고 부른다. 어린 시절의 우리는 가족들이 모이는 방 안에서도 피난처를 꿈꾸었고, "오두막집

을, 새집 같은 보금자리를… 몸을 웅크리고 싶은 구석을"* 꿈
꾸었다.

생각해보면, 내게도 이런 '구석'이 있었다. 어린 내가 잠들
었던 방, 그 방이 하나의 피난처였지만, 그 방 안에도 쥐며느
리처럼 몸을 말아 웅크리고 싶은 구석이 또 있었다.

찾아가 있노라면 마음 편안해지는 곳. 특별한 느낌을 자아
내는 곳. 나는 이런 곳을 동네 가까운 숲에서 늘 찾아왔다.

나만 아는 나의 별채. 나의 피정소(避靜所). 나의 안식처. 내
가 지구에 꽂아놓은 나의 배꼽 땅. 지상에서의 만사가, 만 가
지 경험이 검토되는 곳. 내가 아무개이기를, 인간이기를, 수컷
이고 암컷이기를, 어미이고 아비이고 딸이고 아들이기를 그
치는 곳. 산소와 양분을 필요로 하는 포유동물, 아니 하나의
생물이면 되는 곳. 생물의 일자(一者)이고, 사회의 일자인 내
가 합쳐져 하나가 되는 곳. 내가 다시 태어나는 곳. 이제 막 태

---

* 가스통 바슐라르, 『공간의 시학』, 곽광수 옮김, 동문선, 2003, 111쪽

어난 '풋된 나', '숫된 나'를 내가 알현하는 곳. 빛이 반짝반짝 솟아나고 있고, 그늘이 하느작하느작 살고 있으며 나무와 잎들이 흙과 곤충들이, 높은 곳에선 새들이 조곤조곤 친교하고 있는 곳. 박새도 되고, 오소리도 되고, 늑대도 되고 싶은 곳. 웅크리는 자세로 펴고 싶은 곳. 누운 그대로 솟아나고 싶은 곳. 내가 곧 강이고 기러기라는 환각이 찾아오는 곳. 인간의 도덕률 이전의 도덕률이 강물로 나를 휘젓고 가는 곳.

이곳에선 시간이 무력해진다. 이곳은 바슐라르가 말한 '세계의 한순간'이다.

그간의 여행길에서 내가 헤매며 찾던 곳, 경이로움에 한 발짝도 더 움직일 수 없었던 곳은 모두 이 별채의 다른 형체들이었다.

여행하는 인간

철학자 미셸 옹프레(Michel Onfray)는 구약성경 〈창세기〉에 등장하는 카인과 아벨의 이야기를 여행자의 존재론적 지위에 관한 신화로 해석한다. 이야기는 이렇다.

농부 카인은 수확한 곡물을, 양치기 아벨은 가축의 새끼와 기름을 각기 신에게 바쳤다. 그런데 어찌된 일인지 신은 양치기 아벨을 더 사랑했다. 질투심에 사로잡힌 카인은 어느 날 양치기 동생 아벨을 살해하고 만다. 아벨의 죽음을 알게 된 신은 카인에게 무서운 형벌을 내린다. 목숨은 붙어 있되, 계속 이곳저곳을 유랑하라는 형벌이었다. 농부이자 정착자였던 카인은 이제 유랑하는 자, 여행하는 자, 유목민이 된다.

이 이야기가 기록되었던 때는 농경 정착생활이 자리 잡은 지 이미 오래된 시점이었다. 카인와 아벨의 신화는 농경사회의 신화인 셈이다. 게마인샤프트(Gemeinschaft), 즉 모두가 모두를 잘 아는 농경 기반 상호부조 마을공동체가 여러 세대에 걸쳐 굳건해지면서, 인류에게 여행이란 매우 낯선 개념이 된다. 유목 생활을 하던 때의 유목 정신이 농경사회가 지속되며 점차 소멸되어갔던 것이다.

카인과 아벨의 이야기는 농경사회에서 유목과 여행을 어떻게 생각했는지를 암시한다. 농경사회에서 여행이란 죄를 지은 자가 속죄하기 위해 사는 특이한 삶이었다. 여행자란 신으로부터 형벌을 받아 자신의 공동체를 떠나게 된 사람이고 귀속처와 거주지를 일시적으로 상실한 사람이며 여정의 과정에서 속죄하여 공동체로 복귀해야 할 사람이다.*

❋

19세기 초반 유럽에서(한국의 경우 1960~70년대에 집중적으

---

* 미셸 옹프레, 『철학자의 여행법』, 강현주 옮김, 세상의모든길들, 2013, 12~14쪽

로) 게마인샤프트가 무너지고 게젤샤프트(Gesellschaft, 이익이 조직의 중심 원리가 되는 사회)가 조직되자 너도나도 농촌공동체를 떠나게 되었다. 카인의 이야기에 비춰보면 거의 모두가 신의 형벌을 자발적으로 받아 여행자가 된 셈이다.

한갓 노동 상품으로 자신을 판매해야만 하는 자본주의의 대도시에서 노동자나 소상인으로 변신한 농부(또는 농부의 자식)는 새로운 거처에서 생활하지만 나날의 삶은 귀속처를 상실한 이의 삶, 즉 여행자의 삶이 되었다. 이름 모를 뭇 타인의 바다를 표류하는 (생존을 위한) 매일매일의 이동이 카인의 신화 그대로 일종의 형벌로서의 여행인 셈이다. (여기에 더해, 인터넷과 경제 세계화가 만들어낸 자유로운 공간 이동까지 더불어 생각해야 한다.)

하지만 동시에 이 여행의 배면에서는 각자 새 집에서 시작한 생활이 주는 정주의 감각도 자라난다. 여행과 정주라는 두 가지 삶의 지배적 모드가 현대 자본주의 대도시 거주민들에게 혼용되어 있는 셈이다. 도시 속에서 늘 일종의 여행 상태를 경험하면서도, (다른 한편으로는 정주하고 있기에) 도시를 떠나려는 새로운 종족. 이것이 오늘날 대도시에 거주하며 기차역과 고속도로와 공항을 오가는 이들의 초상이다.

호모 사피엔스의 대이동과 더불어 여행자가 되었다가, 농업의 탄생(카인과 아벨의 신화가 유통되던 시대)과 더불어 정착자가 되었다가, 산업혁명과 더불어 다시 '여행자-정착자' 신세가 된 현대인. 그렇기에 현대인의 내면에서 여행은 뿌리 뽑을 수 없는 열망이다.

여행은 귀속지에서의 탈주다. 자신이 속한 곳으로부터, 노동과 스케줄로부터 여행자는 자유로워진다. 자신을 일개 노동 상품으로, 호객꾼으로, 휴먼 리소스(human resource)로 환원했던 자기 자신에 대한 반항과 증오가 여행자의 내면에는 흐르고 있다.

우리 시대의 여행이란 자신의 자유가 침해되기 이전의 자신으로 회귀하려는 꿈의 실현이다. 여행자는 일단 떠남으로써, 이 세계의 이방인이 됨으로써, 자기 삶을 원점에서 재부팅하려 한다. 여행자는 자유에 민감한 사람이자 새로운 영감을 소망하는 사람, 새로운 삶을 기획하는 사람이다. 여행자의 내면에는 어딘가에는 새로운 종류의 삶과 행복이 있을지도 모른다는 어렴풋한 기대감이 지금 이곳의 삶에 대한 반항과 뒤섞인다.

여행자가 찾는 자유란 정확히 무엇일까? 만일 그것이 자기 분열과 자기소외가 없는 상태, 자기 자신의 삶에만 집착하는 '소아(小我)' 상태에서 해방되는 상태, 자기의 자존감과 능력과 존재 의미가 확인되는 상태, 자기 아닌 남과 스스럼없이 쉽게 친교할 수 있는 마음 상태를 말한다면, 우리는 다른 곳이 아니라 숲으로 여행을 떠나야 한다.

노자(老子)는 집 밖으로 멀리 돌아다니지 말라고 하지만 (47장), 어딘가로 떠나고 싶다면 숲으로 떠나자. 여행이 자기와의 만남이라면, 숲은 최적의 여행지 중 하나다.

여행의 이유

여행의 이유는 여행자마다 제각각인 걸까? 구체적인 계기와 목적지는 다르겠지만, 여행자는 기본적으로 '다른 삶'을 살기 위해 '현재의 삶'을 떠나는 사람이다. '다른 삶'을 사는 인간은 '다른 인간'이다. 여행자는 현재와는 '다른 인간'이 되기 위해 여행을 감행한다.

여행자란 존재 모드의 전환을 통해서 다시금 발견하는 인간, 관찰하는 인간, 오감각을 최대한으로 쓰는 인간, 탐구하고 탐문하는 인간, 사념 없이 대화하려는 인간이다.

이런 목적을 위해 잠시간 생산(노동) 현장을 벗어난 여행자는 그러나, 아뿔사, 소비의 굴레만큼은 결코 벗어날 길이 없다. 오늘날 삶이라는 여행 자체가 소비 행위를 필요로 하기 때문이다. 무엇보다도 여행자는 여행지에서 식(食)과 주(住)의 문제를 해결해야 하는데, 소비가 아니라면 이것은 불가능하다. 그렇기에 여행지가 파타고니아든 제주도든 모든 여행자는 소비의 신(神)이라는 신의 손바닥 안을 벗어날 수 없다.

※

여행이 '다른 인간 되기'라는 모험이 되려면, '자기 자신'을 찾아가는 탈주자의 경험이려면, 여행은 반드시 소비로부터의 휴식이어야만 한다.

소유냐, 존재냐.

존재에 관한 결단으로 여행을 감행한 이가 만일 소유에 얽매인다면, 여행의 과업, 즉 존재에 관한 과업은 실패할 수밖에 없다. 여행자가 소유에 얽매일 때, 그는 잠시간 여행자의 지위에서 추락한다. 그때는 여행자가 아니라 관광(여행)상품의 구매자일 뿐이다.

반대로, '나는 소비한다, 그리하여 존재한다'라는 만트라의 횡포에서 해방되기 위해서라도, 이 횡포를 용인했던 자신을 경멸하고 증오하기 위해서라도 우리는 소비의 메트로폴리스를 탈출해야만 한다. 우리 자신을 한갓 노동 상품(노동력의 주체)으로 환원시킨 자본주의는 우리 자신을 한갓 상품 소비자로 전락시킨 바로 그 자본주의이다. 여행자가 꿈꾸는 것은 이 체제의 일원으로 살아가는 피로에서 자유로운 상태이기도 하다. 다른 체제가 하룻밤 새 이곳에 들어서기 어려우니, 하룻밤 새 여행자라도 되어 다른 삶을 살아봐야 한다.

이런 의미에서 여행자의 정신은 홑진 삶, 즉 **간소한 삶**을 지향하는 정신과 포개진다. 여행자가 등지려 하는 건, 소비와 소유를 부추기는 강박적 생존 투쟁과 인정 투쟁이라는 연극 무대, 휴식 없는 행복이라는 연극 무대다. 마음의 허전한 자리를 충일케 하는 체험에는 그다지 많은 상품이 필요하지 않는 법이건만, 이 연극 무대를 채운 과다 상품의 과다 유혹은 발생된 욕망과 실제의 충일 사이에 깊은 골을 만들어 종내 우리의 마음을 허전케 하거나 어지럽게 한다. 여행자는 새로운 삶의 방식을 택함으로써 이 허전함과 산란함을 종식하려는 인간이다. 여행이란 '도대체 삶에 무엇이 필요한지'를 몸소 실험하고 검증해볼 수 있는 기회, 꼭 필요한 것만으로 사는 홑진 삶을 살아볼 기회가 아니던가.

간소한 삶은 욕망을 억제하는 삶이 아니라 욕망을 지혜롭게 충족하는 삶이다. 호모 오렉시스(욕망하는 인간)라는 차원을 떠나지 않으면서 호모 에피투미아(과욕하는 인간)라는 상태로부터는 자유로운 삶. 스웨덴인들이 말하는 라곰(Lagom, 딱 그 정도의 양) 라이프 스타일이 바로 이것이다.

간소한 삶이야말로 최고의 삶이자 최고 능력자의 삶이다. 간소한 삶은 이중의 해방, 즉 삶의 궁핍으로 인한 곤란으로부터의 해방, 물질과 욕망의 과잉이 불러올 마음의 소란과 피로로부터의 해방을 함께 지시하기 때문이다.

나는 여행을 떠날 때마다 세상에 첫 발을 내민 초보 사회인이 된 것처럼 새로운 삶을 시작해본다. 배낭에는 이번 여정에 꼭 필요한 것들만 담기지만, 발걸음과 시선과 마음만은 어느 때보다도 싱그럽고 풍요롭다. 여행이란 꼭 필요한 것들이 나와 내 하루를 꽉 채우는 새로운 삶으로의 돌입이며, 그 삶을 관리하고 보호하며 지속하는 것이다.

영혼의 고향

여행자는 어딘가를 찾아가는 사람이라기보다는 자기 자신을 발견하려는 사람이다. 모든 진정한 여행은 "자아에 대한 시험을 전제로"* 한다. 여행자는 자기 자신을 익숙한 생태 환경과 사회 환경에서 분리함으로써 자기를 시험대에 세운다. 이 시험 속에서 자기 자신이 진정 어떤 능력을 갖고 있는지 자신이 진정으로 원하는 삶이 무엇인지 (자기가 어떤 욕망의 주인공인지) 새로운 앎을 얻고자 하는 것이다. 여행지에서 우리가 진정으로 발견하고자 하는 건 낯선 시공간이라는 조건

---

* 미셸 옹프레, 앞의 책, 102쪽

에서도 변치 않는 우리 자신의 동일한 정체성이자 그러한 동일성을 확인하는 과정에서 얻게 되는 즐거움과 안식이다.

이런 까닭에 사람들은 낯선 시공간을 찾아다니고, 용기 있는 여행자들은 극지나 사막, 대초원, 동굴, 정글, 원시림을 부러 찾아간다. 자신의 신체 또는 삶을 극한의 생존 여건으로 몰아넣어 자신의 능력과 정체성을 확인해보려는 것이다.

진정한 자기 자신을 만나는 자리. 이 시공간을 **영혼의 고향** 또는 **영혼의 보금자리**라 부르면 좋을 것이다. 모든 여행자는 이 고향을 찾아 떠난다. 이 고향은 물리적 의미에서의 집, 거주지(Heim)가 아니라 정신적, 영적 의미의 **고향**(Heimat)을 뜻한다. 절대적 안식을 느끼는 시간과 장소.

인간은 본디 **실향자**(Heimatlose)이며, 여행이라는 하나의 시험과정에 우리 자신을 몰아붙임으로써 우리가 도모하는 한 가지는 우리의 실향성을 실감하는 것이다. 아니, 우리 자신의 실향성이라는 우리 안의 괴물이 우리의 몸을 여행이라는 강렬한 체험으로 몰아붙인다. 우리 모두는 떠나지 않고는 배길 수 없는 이들이 아니던가.

모든 여행에는 이처럼 인간 존재됨(인간으로 나서 인간으로 살아감)의 어두움과 밝음, 음울(陰鬱)과 양명(陽明)이 혼용되어 있다. 빛을 찾아가는 어두움. 모든 여행자는 이것 이상도 이하도 아니다. 만일 위의 말들이 모두 옳다면, 우리는 다른 곳이 아니라 숲으로 여행을 떠나야 한다.

❁

폴 세잔(Paul Cezanne)의 작품 〈숲속으로 굽어 들어가는 길(Bend in Forest Road)〉 앞에서 나는 늘 매혹된다. 내가 들어갔던 녹림(綠林)의 체험을 상기시키기 때문이고, 내가 지금 잠시나마 향유하게 될 녹림의 시간을 예감케 하기 때문이다. 근두운을 타고 세상 어디 못 가는 곳이 없었지만 한 번도 부처님 손바닥 위를 떠난 적 없던 손오공처럼, 숱한 숲을 찾아 들어섰지만 결국 나는 폴 세잔의 저 그림 속을 단 한 번도 떠나지 못한 것은 아닐까? 이런 생각을 불러일으키는 그림이 바로 〈숲속으로 굽어 들어가는 길〉이다.

숲속으로 굽어 들어가는 길에 오른 이가 숲길 산책에 녹아들 때. 숲길 산책이라는 활동만 남고 모든 것은 사라지게 될 때. 그때, 숲길 산책자는 단순히 산책을 지속하는 것이 아니라 다른 차원의 세계에 거주한다. 숲속에서 발걸음을 옮길

때, 로저 디킨(Roger Deakin)의 말마따나 산책자는 "바다 밑 바닥과 매우 비슷한 곳을 걸어가는 것 같으며, 잎사귀로 뒤덮인 임관은 마치 수면처럼 내리쬐는 햇살을 걸러내어 모든 것들을 얼룩지게 만든다."[*]

물론 숲길 산책자는 보고 이동하고 관찰하기 위해서, 스킨 스쿠버용 특수 장비를 착용할 필요도 없고 석유 같은 화석연료를 연소할 필요도 없으며, 그저 부모로부터 받은 사지(四肢)를 허공에 저어가며, 호모 하이델베르겐시스나 호모 에렉투스가 이족 보행할 때 취했던 동작 그대로 나아가기만 하면 된다. 어떤 경이로운 체험이, 가장 빠르며 가장 쉽고 단순한 활동으로 가능한 곳. 그곳이 바로 숲속이다.

❁

데본기 중기 약 3억 8500만 년 전,[**] 지구에 처음 등장한 이래 숲은 지금껏 지구의 허파이자 수로(水路), 육상 생물다

---

[*] 로저 디킨, 『나무가 숲으로 가는 길』, 박중서 옮김, 까치, 2011, 14쪽

[**] 이 시점에 관해서는 학자마다 의견이 다르다. 여기서는 자부리 가줄, 『숲』, 김명주 옮김, 교유서가, 2019, 79쪽을 인용

폴 세잔, 〈숲속으로 굽어 들어가는 길(Bend in Forest Road)〉(1906)

양성의 보고(寶庫)였다. 숲이 아니라면 지구의 기체 순환도, 물 순환도, 다양한 생물 간의 유기적 먹이그물 질서도 제대로 작동하지 않는다. 숲 속에 들어 숲의 생리(생태 서비스)를 알아챌 때 우리가 든 곳은 숲이 아니라 지구의 내부였음을 또한 알아채게 된다. 숲에 든 산책자는 실은 지구의 깊은 곳으로 찾아든 사람이다. 나무는 우리가 사계절의 변이를 알아챌 수 있는 최적의 감각지표이기도 하다. 지구와 태양의 질서를 상상하기에 가장 좋은 감각자료는 철새가 아니라면 나무다. 바로 이 숲의 나무들 덕에 우리는 우리의 삶이 태양계 안에서의 삶이라는 현실감각을 체득할 수 있는 것이다. 내가 와 있는 자리를 확인하기에 가장 좋은 장소는 숲이다.

되고 싶은 나를 생각하는 최적의 장소 역시 숲인데, 나무가 항상성과 성숙이라는 두 가치를 동시에 구현하고 있기 때문이다. 우리 모두가 바라는 이것을 이미 몸으로 살아내고 있는 나무들의 집 안에서 우리가 안식하게 되는 까닭이다.

폴 세잔의 작품 〈숲속으로 굽어 들어가는 길〉에 보이는 길을 실제로 들어갈 때마다 우리는 고향에 도착할 기회를 얻는다.

숲에서 나를 만나다

행복하고 싶다면 자신이 어떤 상황에 처해 있는지부터 점검해봐야 한다. 또한 자기 자신을 포함해 모든 이가 공통적으로 처해 있는 상황도 이해해야 한다. 후자를 이해하는 데 긴요한 하나의 키워드는 바로 '진사회성(eusociality)'이다.

어떤 사회생물학자들은 약 300만 년 전, 인류의 조상에게서 '진사회성'이라 부를 수 있는 협동하는 성격이 나타났다고 주장한다. 간단히 말해 '진정한 사회성'인 진사회성은 세 가지 요소가 충족되어야 한다. 첫째, 공동의 이익을 위해 사회적 분업 활동을 하는 집단이어야 한다. 둘째, 그 집단은 여러 세대가 함께 살아야 한다. 셋째, 사회적 분업 과정에서 개별자가 협동, 희생 같은 이타적인 행동을 한다.* 호모 사피엔스가 이런 특성을 보였으니 호모 사피엔스도 진사회적 동물이라는 주장이다.

인간은 진사회성의 주체가 아니라 친사회성(prosociality)의 주체라며, 위의 주장을 반박하는 학자들도 있다. 친사회성이란 개인이 집단의 이익(번영)을 위해 협동하고 봉사하는 성질, 나아가 집단에 구축된 기성의 질서에 개인이 순응하는 성질을 뜻한다.

진사회성이든 친사회성이든 간에 이러한 것이 깊이 학습되어 우리 각자의 내면에 각인되어 있다면, 개인의 입장에서는 조금은 아니 때로는 상당히 피곤한 일이기도 하다. 사회의 요구사항과 자신의 능력이 잘 부합하여 사회에 순기능을 하는 개인으로 인정된다면 문제가 없겠지만, 심신의 장애로 인해 정반대의 상황을 경험하는 개인이라면 어떨까? 집단의 대다수가 동의하고 희망하는 안(案)에 자신은 쉽게 동의할 수 없는 상황에서 대다수가 동의를 요구한다면 어떨까? 사회적 협동 과정에서 타인이 내게 내 생각의 굴절이나 양보를 요구

---

* Edward O. Wilson, *The Social Conquest of Earth*, Liveright Publishing Corporation, 2012, p. 16

한다면 어떨까? 만일 그 요구의 목소리가 공격적이고 강압적이라면 어떨까? 어떤 모임이나 행사가 은연 요구하는 특정한 예복과 예절과 감정 절제, 도덕 같은 것은 어떤가?

사회와 조화로움, 훌륭한 사회성, 사회를 위한 공헌, 두터운 사회적 신망과 온기 넘치는 사회적 관계, 충분한 물질적 보상, 이 모든 것이 각자의 행복을 보장하는 중요한 요소이지만, 어디까지나 개인의 행복을 가늠하는 한 가지 축일 뿐이다.

❋

다른 한 가지 축은 개인이 자기 자신과 얼마나 잘 사귀는가이다. 자신의 몸, 생각, 마음, 처지 일체를 편안히 받아들이는 것. 그 어떤 잣대로도 자신을 상대로 우열평가를 하지 않는 것. 지금 이 순간에 깊이 감사하고, 지금 이 순간을 지금 이 순간의 처지 그대로 즐기는 것. 사회적 가면을 벗은 상태, 사회적 알몸이 된 상태로 편안한 것. 이것은 마음 내키는 대로 노는 방일(放逸)이나 사회적 일탈을 뜻하는 것이 아니라, 반대로 **독자적 자유**를 뜻한다. 이 자유는 자기 자신에게 당당하고 자기 자신만 안다는 의미에서 독자적이다.

이런 자신과의 사귐에 숲 산책은 크게 효용이 있다. 숲 산책의 본질은 자신을 사회로부터, 산책자 자신이 처한 일체의 상황과 압박으로부터 잠시 거리를 두는 것(Distancing)이다. 숲을 거니노라면 스펙을 쌓으며 필연코 '누군가'가 되려 했던 자기 자신과도 거리를 두게 된다. 아니, 숲 산책자는 사회가 내게, 내가 나 자신에게 무의식적으로 주입해온 아상(我想) 일체에서 해방된다. 그(녀)는 잠시 페르소나(Persona, 사회적 가면) 없이도 괜찮은 상태로 진입하는 것이다. 지금 이대로도 충분하고 편안함. 큰 욕심 없이도 잘 살아가고 있는 숲의 생물들과의 만남은 산책자를 이런 마음 상태로 인도한다.

이것은 일종의 회귀이다. 사회적 동물로 길들여지기 이전, 어린 시절, 야생성으로의 회귀이다. 이 회귀는 '사회' 나아가 '인간'으로부터의 휴식이기도 하다. 산책자는 잠시 지위 없고 이름 없는 자, 지구에 속하면 그뿐인 자의 소박함을 회복한다. 지구에 귀속된 하나의 생물이라는 지위 말고는 다른 모든 것을 여의는 것이다. 또한 이 회귀는 숲의 질서, 우주의 질서가 마을의 질서, 사회와 문명의 질서를 감싸고 있다는 진리를 생각해보는 생각의 회귀이기도 하다.

이 회귀의 길은 우리를 더 나은 미래의 존재자로 만들 수 있다는 점에서, 사진가 지트카 한즐로바(Jitka Hanzlova)의 말처럼 '미래로 회귀하는 길'*이다. 모든 훌륭한 숲 산책의 실행자는 되돌아가서는 새로운 자신이 되어 미래로 나온다.

---

* 체코 사진가 지트카 한즐로바(Jitka Hanzlova)의 말이다. 존 버거, 『모든 것을 소중히 하라』, 김우룡 옮김, 열화당, 2008, 150쪽에서 재인용.

고독한 산책의 행복

잠시 사회와 집단을 떠나 사회와 집단 속에서 받는 스트레스 상황에서 벗어났다고 해서 곧바로 행복감에 젖을 수 있는 건 아니다. 홀로 있되 행복감을 향유하려면, 홀로 있음은 반드시 외로움이나 쓸쓸함이 아니어야 한다.

외로움이나 쓸쓸함이 아닌 고독.

현재의 한국어 철학에서 이것을 개념화한 말은 없지만, 문학의 영역에서는 찾아볼 수 있다. 바로 '소연(蕭然)함'이다. 소연함이란 자못 적적하며 은근히 쓸쓸한 분위기가 나는데, 그 분위기가 가뿐하고 가든함이다.

소연함은 '정상(頂上)'의 자리다. 혼자 있음 그 자체의 지복,

그것이 바로 소연함이다.

호모 사피엔스는 한편으로는 진사회적 또는 친사회적 동물로서 강한 집단 정체성을 지니지만, 다른 한편으로는 독자적으로 생각하고 판단하는 동물이기도 해서 강한 개별자(개인)의 성격을 지닌다. 이 두 가지 상반되는 성질이 씨실과 날실이 되어 우리의 정체성을 직조하고 있다.

그렇다면 홀로 되어 숲을 산책할 때, 나는 사람들과 어울리는 자리에서는 사회성의 압박으로 인해 온전치 않았던 나의 개체성과 주체성을 강렬히 느끼는 걸까? 무리를 벗어나 드디어 이제 나는 하나의 온전한 개체이고 주체인 걸까?

답은 '아니다'이다. 숲길에서 문득 소연함에 젖어들 때 나는 내가 개체라는 사실에 감격하지도, 주체라는 사실에 경탄하지도 않는다. 내가 느끼는 건 오히려 개체성과 주체성이라는 개념의 불완전함, 섣부름, 무용함, 무의미함이다. 소연함이 주는 행복의 자리는 개체성과 주체성이 퇴각하는 자리다.

소연함은 신기한 감정이다. 소연함은 오직 나 홀로 있음으로만 가능한데, 홀로 있어보니 어째 '나'라고 하는 것은 없다. 소연함을 느끼며 나는 나의 온전함을 느끼지만, 그 온전함은 내 개체성과 주체성의 온전함이 아니다. 정반대로 내 개체성과 주체성이 알고 보니 흐릿한 것이라는 자각 속에서 느끼는 온전함이다. 나는 온전한데, 내가 비어 있거나 열려 있기 때문에 온전하다.

이러한 특이한 상태에 놓인 이는 엄밀히 말해 결코 혼자가 아니다. 산책자는 주위의 것들과 함께 있다. 친교와 상생이 당위가 아니라 현실의 견결한 문법임을 간파한 자는 (동료 없이) 홀로 있어도 (지구 안에서는) 혼자가 아니다. 이러한 인식의 혁명[頓悟]은 산책자의 영혼을 개방한다. 산책자는 어떤 충만감 속에서 침묵을(말과 영혼의 나지막함을) 고집하지만 또한 완연 외계에 개방되어 있어서 말을 건네고 싶을 때는 언제든 누구에게라도 말을 건네는 상태를 체험한다. 마음이 그만큼이나 천진스럽고 천연스러워졌기에 이것을 소연함이라 한다.

더 많은 쾌락으로 보상받고, 더 따뜻한 만남과 소통으로 심신을 회복하려는 행복과 치유의 기획이 더 흔하고 인기 있지만, 이런 기획을 실행하는 사람은 언제나 두 가지 위험을 감수해야 한다. 하나는 쾌락의 부산물인 피로이고, 또 하나는 만남과 소통의 과정에서 발생할 수 있는 불쾌감이다. 상대적으로 덜 위험하고 효율성 높은 기획은 소연한 시간을 체험하려는 기획이다. 숲 산책은 이런 시간 체험으로 가는 지름길이다.

　로버트 오언(Robert Owen)의 말처럼 우리는 인간의 마을이라는 공동체에 속한 채 "공동체의 행복을 늘리는 행위로써만 자신의 행복을 이룰 수 있다."* 그러나 이것은 행복의 한 얼굴일 뿐이다. 다른 한편으로 개인의 행복은 인간의 마을(공동체)에서 잠시 퇴각함으로써만 가능하다. 삶의 피정(避靜, retreat) 속에서 인간의 마을보다 더 크고, 인간의 마을을 아래에서 떠받치고 있는 '토대'인 지구공동체(Earth Community)에 귀속되는 가운데 소박한 존재가 됨으로써만 가능하다.

　숲 산책으로 나타난 이 무인칭의 존재가 마을의 행복을 늘리기 위해 마을에서 일하는 시간. 이것이 행복한 사람의 시간이 아닐까.

---

* 장석준, 『사회주의』, 책세상, 2013, 40쪽에서 재인용

광속의 시대와 숲 산책

카를 마르크스(Karl Marx) 말마따나 기술은 자연력에 대한 인간의 승리이지만, 기술 발전으로 인간이 얼마나 자유로워졌는지는 의문이다. 특히 20세기 후반기에 폭발한 기술발전의 결과물, 즉 개인용 컴퓨터, 모바일 기기, 인터넷, SNS 등으로 말미암아 시작된 새로운 양태의 삶이란 일정한 자유의 증진이기도 하지만 동시에 노예상태의 증대이기도 하다.

예컨대 우리 시대에 유저(User)는 거주 공간이 어디인지와 무관하게 업무를 보거나 사회적 소통을 할 수 있게 되었다. 공간이라는 족쇄를 푼 것이다. 하지만, 우리는 일종의 과잉 접속 상태에서 과잉 정보처리라는 활동에 매몰되면서도 자신이 '매몰'되어 있음을 자각하지 못한다. 그뿐만 아니라, 5분 전의 정보를 현재의 새 정보가 대체해버리는 사태에 끊임없이 노출되며, 새로운 정보를 흡수하지 않으면 안 될 것 같은 '다급함'의 강박 속에서 산다. 5분 전이 고대사가 되는 시대에 광속으로 망각하는 체험이 반복되는데, 문제는 그것이 당연시되어 문제로서 인식조차 되지 않는다는 점이다.

물론 우리에게도 전략이라는 것이 있다. 짧은 시간 안에 다 처리하기 어려운 과다 정보를 디지털 저장 장치에 저장해둔다는 전략. 저장해두고는 나중에 열람해보면 될 것이다. 하지만 이러는 사이에 우리의 (정확히는 우리 뇌의 대뇌피질의 장기) 기억 능력은 감퇴된다. 그리하여 "우리는 아주 간단한 기억조차 조작할 수 없을 정도로 작고 빈약해진 육체를 더욱 강력해진 기계들로 무장하고서 세상 속을 방랑하게 되었다."* 기술과 기계는 우리의 수고를 덜어주었고 우리의 지식을 확장시켜 주었지만, 우리가 승리했던 그 시간은 우리의 능력이 감퇴되었던 시간이기도 했다.

인쇄기술과 종이책이 말하기 능력과 암송 능력을 감퇴시

---

* 미셸 옹프레, 앞의 책, 135~136쪽

켰듯, 자동차는 보행 능력과 질주 능력을 약화시켰고 TV와 영화는 보는 능력과 시력을 훼손했다. 컴퓨터와 인터넷은 장기 기억능력을 감소시켰고, 스마트폰과 SNS는 거리에서 만나는 낯선 타인에게 편안히 물어보고 정겹게 대답하는 '열린 삶'의 감각을 축소시켰다. 이처럼 20세기에 진행된 기술혁신으로 우리는 많은 것을 얻어냈지만, 또한 많은 것을 잃고 말았다.

극명한 사례는 오보에 제작법의 사례다. 오보에의 재료는 흑단목으로, 예로부터 오보에 장인들은 흑단목을 20~30년 간 야적하여 충분히 건조시킨 뒤에야 가공작업을 시작했다. 좋은 오보에는 시간의 작품, 느림의 작품이었다. 하지만 20세기 들어 오보에 수요가 유럽에서 급증한 뒤로는 사태가 돌변했다. 빨리, 많이 제작해야 하는데 언제 20년, 30년을 기다릴까. 목재의 압축 건조를 위해 고온의 기름과 압력을 사용하는 기술이 도입되었다. 결과는 어떨까? 클라우디오 아바도 (Claudio Abbado)는 이렇게 말했다. "겉보기에는 참 좋아 보입니다… 그런데 울림이 없네요… 오케스트라에서 연주할 만한 물건은 아니에요. 나무가 울리지 않잖아요!"*

---

* 이 이야기는 에르빈 토마가 우리에게 들려주는 이야기다. 에르빈 토마, 『나무가 자라는 모습을 보았다』, 김해생 옮김, 살림, 2018, 101~102쪽 참조.

20세기 과학기술 혁신과 산업자본주의를 통째로 부정할 필요야 없겠지만, 그로 인해 초래된 경험의 훼손, 인간 능력과 감각의 감퇴를 생각해볼 필요는 있다.

　　가까운 숲에 찾아가 느릿느릿 거닐어보는 단순한 행위는 감퇴된 능력과 감각을 회복하는 데 큰 약효가 있다. 사실 숲을 천천히 산책하는 것을 일상화하면 여러 가지가 동시다발로 회복되기에, 숲 산책은 '회복 프로젝트의 총화(總和)'라 할 만하다. 숲에서 우리는 보고, 듣고, 향기 맡고, 감지하는 법을 새로 익힐 수 있다. 또한 우리의 뇌에서는 기억이나 사색과 관련된 뇌세포가 활성화된다. 기억하고 사색하면 뒤엉켜 있던 과거와 현재와 미래의 실타래가 가지런해져서, 불안한 미래로의 투신이라는 삶의 여정에 빛줄기가 찾아든다. 그 빛줄기의 이름은 자기신뢰감, 자존감이다.

　　더 기본적인 것이 있다. 숲길에서 우리는 광속과 온라인 현실의 급류에서 해방되어 현실 감각을 회복하고, 고속의 감각을 여의고 느림의 감각을 복구하며, 복잡함을 덜어내고 단순함(간소함)으로 귀향한다. '조금 느려도 괜찮아'는 우리의 슬

로건이 아니다. '느려야만 좋다'가 우리의 슬로건이다. 느려야만 좋다는 실감을 우리는 다른 곳이 아니라 가까운 숲에서 수월히 얻는다.

하지만 이보다도 더 기본적인 것이 있다. 우리 자신이 걸을 수 있는 신체이며, 걷기에 적합하도록 진화한 신체라는 사실을 확인하는 것이다. 독일어 푼크치온슬루스트(Funktionslust)란 '본래 가장 잘할 수 있는 것을 잘하는 기쁨'을 말한다. 느릿느릿, 숲을 거니는 기쁨이야말로 우리가 가장 잘할 수 있는 것을 잘해내는 기쁨에 속할 것이다. 더구나 이 기쁨은 누구에게나 체험 가능한 기쁨이다.

느릿느릿 다른 시간의 차원에서 살아가는 숲의 친구들은 방문객인 우리에게 자신들의 시간을 살아보라고, 조용히 권하고 있는 것만 같다. 만일 이런 목소리를 들었다면, 쉿! 발걸음의 속도를 아주 천천히 낮추어야 한다.

현대의 빈곤

오늘 우리는 '풍요 속의 빈곤'이라는 역설을 살아가고 있다. 산업화된 세계만을 두고 본다면, 인류는 역사상 전례 없는 풍요의 시대를 살아가고 있다. 이를테면 우리 중 가장 가난한 이라도 값싼 전기만은 실컷 쓰고 살아가고 있지 않은가. 우리 중 가장 빈곤한 이라도 쌀을 훔치면서 배를 채우고 있는 사람은 거의 없다. 전 세계에서 온 값싼 먹거리가 편의점이나 마트에 널려 있으니까. 세계 곳곳을 옆집 들여다보듯 들여다볼 수 있게 하는 인터넷이 주는 혜택은 또 얼마나 큰가. 버튼만 누르면 방의 온습도가 조절되고, 세탁물이 돌고, 물이 콸콸 나오고, 얼음과 커피가 만들어지고, 자동차 엔진이 가동되는 '원

클릭 올 파인(One Click, All Fine)의 시대'가 열린 지 이미 오래다.

하지만 이러한 삶에는 거대한 그림자가 일렁이고 있다. 이 그림자는 우리 자신의 무기력, 무능력에 관한 것이다. 누군가 디자인해놓은 집을 구매할 때, 우리는 스스로 집을 디자인할 기회를 상실한다. 최고급 레스토랑에서 일품요리를 향유할 때, 우리는 스스로 뿌리를 캐고 씻고 다듬어 요리로 빚어내는 즐거움이나 능력과는 거리가 먼 존재가 되어버린다. '단 한 번의 클릭'으로 문제가 해결되는 세계에서 기계가 고장 나는 일이라도 벌어지면 A/S 서비스 센터 기사가 문제를 대신 해결해주지만, 그때 우리는 문제 해결 능력이 전무한 우리 자신을 발견한다. 나는 스스로 옷을 지을 줄도 모르고, 손으로 빨래할 줄도 모르며, 식용가능한 물과 그렇지 않은 물을 구별할 줄도 모르고, 세탁기의 각 부품의 구성 원리에 관해서도 거의 알지 못한다. 이반 일리치(Ivan Illich)는 이처럼 풍요로운 이기(利器)를 얻은 대신, 능력은 빈곤해지고 만 사태를 간단히 '현대의 빈곤'이라고 불렀다.*

---

* 이반 일리치, 『누가 나를 쓸모없게 만드는가』, 허택 옮김, 느린걸음, 2014

어떤 식으로든 우리 자신의 무능력과 싸워야만 하지 않을까? 존 세이무어(John Seymour)처럼, '그것이 무엇이든 간에 남들이 할 수 있는 건 나(나와 아내)도 할 수 있다'는 자신만만함으로 모든 것을 손수 해보려는 용기까지야 필요 없겠지만, 첫 걸음이라도 떼 봐야 하지 않을까?

그 첫 걸음은 아마도 산업 세계라는 보호막 밖으로 걸어나오는 것이다. 어디에서 전기와 수도와 난방이 공급되는지, 집 밖으로 내버리는 폐기물들이 어디로 가는지, 마트에서 사온 먹을거리들이 어느 땅과 강과 바다에서 나온 것들인지, 보호막 바깥에서 일어나는 사건들에 관심을 기울이는 것. '원 클릭 올 파인'의 실내 세계와 지구자연이라는 세계 사이에 놓인 단절의 벽을 허물어보는 것.

물론 이 '벽 허물기'는 정보를 받아들여 자신의 삶으로 흡수하는 행동인 '앎'으로만 가능하다. 원 클릭으로 다 되는 실내 세계와 지구자연 사이의 상호 관계성에 눈뜰 때, 그때야비로소 우리는 자연과 어떤 관계를 맺는 것이 좋은지, 새로운 삶의 방법론을 기획해볼 수 있을 것이다. '내가 손수 해 보겠다'는 마음은 그 다음에나 가능하다.

집과 직장, 도시 밖으로 나와, 빠져 나온 곳을 원시안(遠視眼)으로, 즉 멀리 보는 눈으로 조망해 보는 행동도 긴요하다. 이런 조망의 시간은 우리에게 전체와 부분의 감각을 회복시켜 주고, 우리의 삶이 어디까지나 '지구가 유지되고 있기에 가능하다'는 현실감각을 일깨워줄 것이다. 그러려면 우리는 숲에 들고 산에 올라야 한다.

오직 두 발로 들길과 숲길, 산길을 걷다보면, 나는 도시만이 아니라 현대라는 조건에서도 벗어나 있는 나를 문득 발견하곤 한다. 물론, 이 해방의 존재자는 가능성의 존재자이기도 하다. 다시 말해 이런 나 자신은 도시와 현대라는 조건 아래에서의 내 삶을 스스로, 새롭게 조형해낼 수 있는 나 자신이기도 하다. 산책을 끝내고 돌아가면 '원 클릭 올 파인'의 빛나는 세계가 기다리고 있지만, 산책에서 얻게 된 눈으로 사물을 다시 보면 '모든 것이 다 괜찮은 것은 아님(All is not Fine)'이 보이는 것이다.

연필과 산책

화석연료와 원자력의 시대가 오기 전, 인류가 살았던 시대는 '목기 시대(wooden age)'였다. 그러나 목기는 문명이 시작되기 이전의 먼 시점부터 사용된 데다 애초부터 발굴 대상이 아니어서 석기, 청동기, 철기처럼 문명사적 이정표로도 인식되지 못했다. '목기 시대'라는 말이 좀처럼 사용될 수 없었던 까닭이다.

약 80만 년 전, 인류의 조상이 불을 사용할 때부터, 약 50만 년 전 호모 에렉투스와 호모 하이델베르겐시스가 요리를 시작했을 때부터 지금까지 목재는 인류의 살림살이에 밑돌 역할을 해왔다. 건축(집과 마을, 도시를 망라한다), 조경, 가구,

난방, 각종 가재도구와 농사도구의 재료가 되고 있을 뿐만 아니라 정확한 의미의 목재(wood는 나무뿌리와 몸통, 가지의 조직을 뜻한다)는 아니더라도, 나무의 잎과 열매, 뿌리, 액은 의복, 의약품, 음식, 타이어, 종이 등 오늘날 우리의 일상생활에 긴요한 원재료가 되고 있다.

연필은 어떤가? 연필이야말로 목기 시대의 대표적 상징물이 아닐까. 스마트폰과 전자펜의 시대에 연필과 종이를 쓰는 문화는 크게 위축되었지만, 연필용 흑연과 목재와 펄프는 지금도 여전히 대량 생산되고 있다. 중요하게는 유치원과 초등학교에서 아이들이 무언가를 그리고 쓰기 위해 맨 처음 잡아보는 물건은 아직도 연필이거나 색연필이다. 연필 사용 전통이 첨단과학의 시대에도 당당히 이어지고 있는 셈이다. 그러니까 아직까지 연필은 아이들의 생애 첫 글쓰기, 그림 그리기 경험에 없어서는 안 될 물건이다.

연필은 실수를 너그러이 용인하는 행위 또는 문화와 분리할 수 없다. 연필로 쓴 것은 언제든 지울 수 있어서, 연필은 연습, 학습, 훈련 과정과 잘 어울리는 사물이다. 정반대의 사물은 아마도 근대 이전 동아시아에서 쓰던 붓일 것이다. 한지에 붓을 놀릴 때는 단 한순간의 실수도 용납되지 않는다. 선 긋

기와 선 잇기, 멈춤과 이동이 그대로 무용수의 동작이나 피아니스트의 손놀림이 되는 무시무시한 세계가 바로 붓글씨, 붓그림의 세계다. 이곳에 들어간다는 것은 곧 무대에 오른다는 것이다. 반면, 연필은 철저히 무대 밖에 엉거주춤 방치되어 있는 아무도 주목하지 않는 사물이다. 연필이 있는 곳이라면, 무대가 있다가도 사라져버린다.

정확히 말하자면, 연필은 무대 밖에서 무대를 설계하는 과정에 참여한다. 연필이 있는 곳은 무대 밖의 장소, 즉 실수해도 되고 장난쳐도 되는 곳이다. 그곳은 우리가 숨 쉴 수 있고 속삭일 수 있고 놀 수 있는 곳, 부드러움과 즉흥과 유희가 흐르는 곳이다. 그래서 연필은 언제나 어린이의 친구고, 연필을 사용할 때면 누구라도 어린이 또는 호모 루덴스(놀이하는 인간)의 마음으로 자연스레 되돌아간다.

연필로 끄적거리는 것은 산책과도 같다. 마음 내키는 대로 걷다가 마음이 내키지 않으면 있던 자리로 돌아오면 그만인 산책처럼, 연필은 우리를 구속하지 않고 풀어준다. 물론 연필이 무한정한 시간의 낭비, 마음의 방만, 무책임한 탐닉의 세계로 우리를 이끄는 사물만은 아니다. 연필의 유희와 더불어 우리는 무대라는 미래를 느리지만 탄탄히 기획해볼 수 있기 때문이다. 따라서 연필을 굴리며 밑그림을 그리고, 실험하고, 나름의 검증을 해보는 사람은 더욱 산책자를 닮았다. 산책자 역시 제 맘 내키는 대로 이리저리 거닐 뿐이지만, 그렇다고 막연한 타임 킬링(멍 때리기)을 하는 것은 아니다. 정반대로 잘된 산책은 산책자의 심신을 쾌활하게 하고 확산적 창의사고(divergent thinking)를 자극해 업무의 효율성을 높여준다. 연필 사용도 그와 같아서 의자든 음악이든 대성당이든 강령이든, 실제의 모든 위대한 작품(magnum opus)은 이런 식의 '연필의 산책'으로 완성되는 법이다.

✿

세계 만들기, 미래 만들기가 자그마한 연필 한 자루를 통해 비로소 가능하다는 것도 놀랍지만, 이 작은 사물에 지구가 응결되어 있다는 사실은 더 놀랍다. 연필에는 숲과 대지와 불이, 즉 동아시아 식으로 말하면 화(火), 목(木), 토(土)가 내장되어 있는 것이다.

우선 연필심을 얻으려면, 대지 깊숙한 곳에 있는 흑연(黑鉛, 석묵(石墨)이라 부르기도 한다)을 채굴해야 한다. (이것이 대지,

즉 토(土)다.) 세계 흑연 매장량은 중국, 브라질, 인도 순이라고 하며 북한에도 다량이 매장되어 있다고 보고되고 있다. 추출된 흑연은 섭씨 1000도에서 가열해야 비로소 연필심이 된다. (이것이 불, 즉 화(火)다.) 추출과 가열을 통해 나온 둥글고 긴 연필심은 인간의 손 크기에 맞게 절단된 가느다란 목재, 즉 연필대의 안쪽 홈에 삽입된다. 여기에 나머지 반쪽 목재 연필대를 접착하면 기본 형태의 연필이 완성된다. (이것이 숲, 즉 목(木)이다.)

약 1560년경 이탈리아인 시모니오 베르나코티와 린디아나 베르나코티(Simonio Lyndiana Bernacotti)가 사용한 방법으로, 지금은 대량생산 방식으로 바뀌었지만 이들의 기본 아이디어는 아직까지도 사용되고 있다. 연필의 앞머리 쪽(깎아서 드러난 부분) 연필심 부위의 목재를 살펴보면, 두 개의 상이한 목재가 결합되었음을 금세 확인할 수 있다. 숲에서 온 두 개의 몸이, 대지 깊은 곳에서 나왔지만 불을 통해 변형된 한 개의 흑연심을 중심으로 결합된 형상인 셈이다. 나무(숲), 흙(대지), 불이라는 세 가닥 자연의 소나타가 결정(結晶)되어 있는 연필이라니.

그렇다면 연필에는 정확히 어떤 나무가 들어가 있는 걸까?

피나무도 연필대로 사용하곤 하지만 가장 흔히 사용하는 건 삼나무(정확한 용어로는 일본삼(Japanese cedar)이다)*류이다. 삼나무는 향이 좋고, 잘라내도 목질부 형태가 잘 보존되며 방수효과도 훌륭해서 건축, 조각, 공예용으로 많이 쓰인다. 미국 오리건 주 향삼나무 숲에 있는 키 큰 향삼나무 한 그루에서 무려 약 15만 개의 연필이 나온다고 하니,** 삼나무 한 그루의 은덕이 이렇게 장대하다.

우리의 손이 연필을 잡고 움직일 때, 지면 위에 우리의 주관적 생각을 객관화하는 것은 삼나무에 감싸인 흑연이다. "거미가 거미줄을 잣듯이, 삼나무 속에 들어 있는 이 흑연이 글자를 잣는 것이다."*** 삼나무 속에 또아리를 튼 변형된 흑연이라는 이 경이로운 사물은 또 다른 경이로운 사물인 손을

---

* 조선왕조실록을 비롯한 조선의 문헌에서 삼나무를 가리킬 경우는 언제나 일본삼(日本杉)이라고 표기했다고 한다. 박상진, 『우리나무이름사전』, 눌와, 2019, 257쪽을 보라. 그 전통을 따라 이 용어로 부를지 아니면 현재의 관행대로 삼나무라 부를지는 우리의 선택에 달려 있다.

** 로저 디킨, 앞의 책, 48~49쪽

*** 로저 디킨, 앞의 책, 49쪽

만나 순간을 영원으로, 어렴풋하던 느낌과 생각을 뚜렷한 울림을 지닌 작품으로 직조하고 응결하는 노동을 수행한다.

　연필. 산책. 톱. 끌. 대패. 장작. 장작불. 속은 노릇노릇하고 겉은 짙은 갈색인 장작불에 잘 익은 고구마. 이런 것들은 모두 동일 계열에 속한다. 이런 것들은 인공지능과 가상현실 시대를, 끊임없는 업데이트와 신상품의 소란을 살아내야 행복할 수 있다고 믿었던 나를 소박한 것이야말로 가장 좋은 것임을 알아볼 때 행복이 깃든다는 생각의 자리로 옮겨준다.

단순한 삶

존 세이무어의 책 『대지의 선물(The fat of the land)』(원제는 땅이 주는 수확의 풍요라는 뜻이다. Fat Land, 즉 풍요로운 땅이라는 말을 비튼 제목이다)을 읽고 있자니 마치 호젓한 가을 숲길을 걸어가는 듯한 느낌에 젖어든다. 세이무어의 목소리는 나직하고 고요하며 위트가 넘치고 솔직 담백하다. 솜이불 같고 대금 소리 같은가 하면, 때로는 풀피리 소리 같기도 하다.

세이무어가 책에서 풀어놓는 이야기는 일종의 고백담으로, 그는 영국 시골 외딴 곳에서 자신과 가족이 생존하기 위해 경험한 것 거의 전부를 이 책에서 털어놓는다. 가정 경제의 어려움, 고민, 심사숙고 끝의 선택 그리고 그 선택의 결과에 관한 이야기. 이를테면 거위, 오리, 토끼, 닭을 왜 어떻게 길러서 잡아먹게 되었는지 그는 시시콜콜 들려준다.

　이 고백담은 시골 환경에서 적은 돈으로 5인 가족이 즐겁게 살아남는 생존 노하우의 기록이기도 하다. 세이무어는 시골에 거처를 마련하고는 오직 '살아남기'라는 과업에만 몰두한다. 돈은 넉넉하지 않았고 새로운 환경에서의 삶은 기회와 위험을 동시에 뜻했다. "하루에 최소한 절반은 돈 되는 일을 한다"는 신조는 그래서 필수였다. 세이무어와 아내는 지출을 줄이고(타 생산자, 기존 생산 유통 시스템에의 의존을 줄이고) 생산을 늘리는 삶, 즉 자립하는 삶을 시작한다. 처음에는 채소와 과일을 그 다음에는 고기와 우유를 직접 자가 공급한다.

　세이무어는 못 하는 것, 안 하는 것이 없었다. 소 젖짜기, 돼지 기르기, 거위 기르기, 말이 끄는 쟁기로 땅 갈기, 땅 파고 모종 심고 수확하기, 돼지를 도살하고 돼지고기 저장하기(한 마리를 잡으면 1킬로그램짜리 통조림 8통을 얻었다고 한다), 햄과 베이컨 만들기, 치즈 만들기, 술 담그기, 굴 따기, 낚시하기, 요리하기, 집 청소하기, 집 고치기, 장작 만들기, 기저귀 빨기, 아이 돌보기…. 그리고 이런 일 사이사이에 농기구를 장만하고 농기구를 익히며, 녹음과 글쓰기 등으로 돈 버는 일도 했다!

물론 이것이 세이무어의 결정적인 매력은 아니다. 그의 매력은 고백의 음조가 너무나도 침착하고 담담하며 여유만만하다는 것이다. 책을 조금만 읽어보아도 금세 간파할 수 있듯 세이무어는 실험을 두려워하지 않고 복잡한 것을 싫어했다. 그의 삶과 글은 고급 된장이나 포도주에서 맛볼 수 있는 원물질 그대로의 순수하며 깊은 맛, 즉 순미(醇味)한 맛이 나는 것이다. 이는 세이무어가 자신의 독특한 삶의 여정에서 자기도 모르게 내면화한 단순함의 맛이고 향기일 것이다.

세이무어 자신이 몸소 선보인 **단순한 삶**이란 요새 유행하는 새로운 소비주의 라이프 스타일 같은 것, 말하자면 미니멀 라이프 따위의 문구로 표현되는 실내 꾸미기, 다듬기 따위가 아니다. 그건 새로운 방식의 소비나 정리정돈(잡동사니 없애기)으로 대변되는 뉴 라이프 패션이 전혀 아니다.

세이무어가 산 삶은 '단순한 삶'이 '좋음(goodness, 선(善), 이익, 이로움, 좋음을 동시에 의미)'이라는 가치의 구현임을 말해준다. 이익 확보를 선함, 당당함으로 수행하다 보면 우리는 의당 단순한 삶으로 정향된다. 단순한 삶이란 깊이 생각하고 생각하여 꼭 필요로 하는 것만 선택하고, 나머지는 관심 밖으로 밀치는 것, 필수 필요물을 단순한 방법으로, 단순한 관계

맺기로 얻어내는 것, 그러기 위해 자연과 직접 대결하며 생산하는 것, 생산을 도와주는 자연 속에서 안식을 누리는 것이다. 단순한 삶은 매우 비타협적이며 발본적인 성격이 강하다. 세이무어는 이렇게 단언한다. "동물을 직접 잡기는 싫어하면서 다른 사람이 잡은 동물을 먹는 것은 이중적인 행동이다."

오늘날 단순한 삶은 용기를 필요로 한다. 그러나 좋은 삶을 살려는 의지가 강한 이들은 이 삶으로 모여든다. 나방이 빛을 찾듯이.

햇볕 좋은 곳에 앉아 콩을 고르는 일. 짚을 모으고 묶는 일. 장작을 수레로 옮기는 일. 목재를 톱으로 잘라내는 일. 삽이나 곡괭이로 땅을 파거나 고르는 일. 언뜻 보면 이런 노동은 일종의 여가 활동인 숲 산책과는 완전히 다른 작업처럼 보인다. 하지만 이 두 부류의 작업은 우리에게 동일한 효과를 낸다. 이런 작업을 할 때 우리의 심신은 복잡함과 어려움에서 해방되어 단순해지고 소박해진다. 이때 '좋음'의 느낌은 9월의 아침 햇발처럼 우리의 존재를, 우리의 전체를, 적신다. 그렇다, 그때 우리는 구원되는 것이다. 좋은 삶이란 바로 이 구원의 지속이다.

오이코필리아(Oikophilia),
집을 향한 사랑

차이밍량(Tsai Ming-liang) 감독의 영화 〈떠돌이 개〉는 집에 관한 영화다. 영화에는 집 없는 어느 가족, 떠돌이 개의 신세나 다를 바 없는 가족이 등장한다. 엄마는 없고 아빠와 두 아이가 함께 살아가는데, 이들의 홈리스(homeless, 집 없는) 상태를 극명하게 보여주는 것이 밥을 먹는 장면이다. 이들에게는 부엌, 요리 도구, 식탁이 없다. '화로'나 '화덕'이 없는 것이다. 쇼핑몰이나 건물의 어느 구석에 앉은 채 때로는 들판에 선 채 플라스틱 용기에 담긴 음식을, 누군가 버린 것들을 일회용 스푼이나 젓가락으로 먹는다. 미셸 옹프레(Michel Onfray)가 말한 것처럼, 거주(居住)한다는 것이 화로 근처에 머문다는 것을 뜻한다면, 이들은 거주하지 않고 부유(浮遊)한다.

고레에다 히로카즈(Kore-eda Hirokazu) 감독의 영화 〈바닷마을 다이어리〉의 주제 역시 집이다. 바람난 아빠를 버리고 엄마는 집을 떠났고, 아빠도 새 여자를 만나 집을 떠났지만, 매실나무가 있는 좋은 집은 그대로 남아 세 아이들의 차지가 된다. 이들에게는 부엌이 있고, 요리 도구가 있고, 식탁이 있다. 화로가 있는 것이다. 또한 제일 큰 아이가 엄마 노릇을 하니, 엄마도 있다. 그것만이 아니다. 화로도 있고 엄마도 있으며 마루와 계단, 2층의 기도실, 마루 앞의 매실나무 같은 집의 모든 것이 '자신 이외의 것들'을 시중들고 있다. 한마디로, 이들은 거주하고 있으며, 이들에게는 집이 있다.

아빠의 배다른 자식(이복 여동생)이지만 이제는 아빠도 엄마도 잃고는 고아 신세가 된 아이('스즈')가 이 세 자매의 삶에 등장한다. 세 자매는 아빠를 떠올리게 하는 스즈를 막내로 받아들인다.

어린 나이에 아빠, 엄마가 사라진 집에 남아 아빠, 엄마 노릇을 해야 했던 큰언니('사치')는 특히나 이 새로운 막내에게 애정을 느끼는데, 둘에게 공통점이 있었기 때문이다. 막내에게도 큰 언니에게도 '집'은 있었으나, 무언가 없는 것이 있었다.

큰 언니는 우는 막내를 안아주며 이렇게 이야기한다.

"여기가 바로 네 집이야, 영원히."

큰 언니가 말한 '집'이란 정녕 무엇일까?

〈떠돌이 개〉의 아이들에게는 없는 집을 〈바닷마을 다이어리〉의 아이들은 가지고 있지만, 어느 쪽이든 화로와 엄마가 있는 집만으로는 만족할 수 없고, 행복할 수 없다. 〈바닷마을 다이어리〉의 큰언니와 막내에게 없던 것, 바로 그것은 우리에게도 긴요하다. 그게 뭘까?

아마도 그것은 기억의 심층에 있지만 기억될 수 있어서 언제든 필요할 때 호출해낼 수 있는 따뜻한 어린 시절의 기억, 집의 기억일 것이다. 이 기억은 안식의 기억이다. 이 정신의 귀속지는 누구에게나 긴요한 **영혼의 보금자리**다.

우리가 늘 그리워하며, 노스탤지어를 느끼고, 회귀하려 하는 이 **영혼의 고향**(Heimat)은 어떤 원형의 장소다. 그것은 우리의 실제 기억과는 달리 우리의 기억 창고에서 '이상화되어 있는 고향', 안식이 가능한 '본향(本鄕)'의 이미지와 느낌으로 건축되어 있는 장소다.

여행자가 여행을 감행하는 한 가지 근본적인 이유는 폴 서루(Paul Theroux) 말마따나 이상화된 고향, 본향을 찾고 싶기 때문일 것이다. 우리는 어스름 녘 새가 새집으로 회귀하듯 매일매일 각자의 집으로 회귀한다. 이렇게 우리는 회귀하는 존재로서의 우리 자신의 존재 지향을 어렴풋이 실천한다. 그러다 문득 여행 가방을 챙겨 물리적인 집을 떠나 정신의 고향으로 향함으로써 우리 안의 회귀하는 존재를 심층에서 표층으로 단번에 끌어올린다.

허나 건강한 인간의 삶에는 다층의 집이 필요하다. 화로뿐만 아니라 자기 외의 것을 시중드는 집도 필요하고, 어린 시절 살던 집의 온기를 이상화한 고향집의 기억도 필요하다. 물론 이상화된 기억을 환기하며 잠시 행복감에 젖는 것에 그쳐서는 안 된다. 귀속공동체라는 집과 그 안에서의 안식이 필요한 것이다.

여기서 말하는 안식(安息)은 심신의 안정, 일상의 안정, 인생의 안정, 이 셋을 모두 지시한다. 이것은 단순히 명상기법을 통한 명상의 실천도 아니고, 인생관, 세계관의 뚜렷한 확립과 실천만도 아니며, 확보된 부를 통해 누리는 사치와 쾌락과 평온만도 아니다.

안식이 되려면 **분명히 살아가기**라는 과업이 실천되어야한다. 즉, 자동화된 기계나 유령처럼 흘러가는 것이 아니라,

분명한 지향(志向)과 보람을 느끼며 삶을 조형해간다는 느낌, 그렇게 사는 데 필요한 (윤리적, 심리적, 사회적, 과학기술적) 방법과 기술을 터득하고 활용하며 발전해간다는 느낌의 확인이 필요하다. 또한 이 속에서 완성해간다는 느낌도 확인되어야 한다.

그렇다면 분명한 삶의 지향이란 어떤 것일까? '네가 있어 내가 있는' 자연계의 역법(曆法)은, 지구공동체의 구성원 각자가 서로 교향(交響)하며 하나의 교향곡을 '주거니받거니' 연주하고 있는 물리적 현실은 우리에게 뜻[志] 있는 삶이 무엇인지를 넌지시 암시해준다. 이러한 현실의 문법을 알게 되고 그에 따라 살아갈 수 있다면, 타자와 친교할 마음 자세가 되어 있다면, 우리의 영혼이 그러한 마음새의 실천으로 흡족해진다면, 우리는 비로소 안식할 수 있고 집에 갈 수 있다. 아니, 그때 우리는 집에 도착해 있다. 우리는 오로지 **즉비**(卽非, 나는 나이면서 내가 아니다), **불이**(不二, 나와 그 밖의 것은 둘이 아니다), **친교**(親交, communion)가 되는 순간에만 안식의 집에 당도한다.

숲은 이 진리를 깨우치기에 최적의 장소이며, 우리는 이 진리를 인생에 단 한 번이 아니라 매일 깨쳐야 좋다.

또 하나 필요한 집은 공동체라는 집이다. 여기서 강조하려는 건 사회공동체가 아니라 **지구공동체**이다. 지구공동체라는 말 대신 가이아라는 말을 써도 좋다. 오늘날 우리는 도시에 모여 살면서도 정작 도시가 귀속된 곳이자 도시를 품고 있으며, 또 도시에 들어와 있는 곳인 지구를 완전히 망각한 채, 마치 제 어미와 애비의 얼굴과 이름조차 모르는 아이처럼 살고 있다.

그러나 굳이 카미유 피사로(Camille Pissarro)의 그림을 살펴보지 않아도, 도시에도 빗방울이 떨어져 내린다는 사실만은 우리 모두가 알고 있다. 도시에도 참새와 비둘기들이, 고양이와 쥐들이 살아가고 있고 눈비와 진눈깨비가 내리며, 철쭉과 나팔꽃, 능소화와 수국이 피고, 가로수에 겨울눈이 맺히며, 나비와 나방, 개미와 모기들이 와서 살고, 폭염과 북극 한파와 겨울 가뭄과 태풍이 찾아온다. 무엇보다 도시에서도 우리는 매일매일 일출과 일몰을 목격할 수 있다. 그렇다면 우리에게 부족한 것은 상상력이다. 세계의 실제를, 지구와 태양과 우주라는 우리의 '큰 집'을 상상하는 능력 말이다. 아널드 홀테인(Arnold Haultain)은 이렇게 쓰고 있다.

> 나무줄기를 볼 때마다 이끼, 양치식물, 기어다니는 개미, 딱정벌레, 벌레 구멍, 딱따구리 부리 자국, 번데기, 씨 등을 발견한다. 이 미물들에게 나무줄기는 그들의 세계이다. … 그들은 나무가 생명과 사고의 거대한 전체의 한 부분이라는 사실을 모른다. 또한 나무줄기가 끝없는 존재의 사슬을 잇는 하나의 고리에 불과하다는 사실도 모른다.

나무줄기를 세계의 전부로 알고 살아가는 곤충들의 아둔함은 산업문명 세계를 세계의 전부로 착각하고 있고, 우리의 실제 세계인 지구 자체도 "끝없는 존재의 사슬을 잇는 하나의 고리"임을 모르고 있는 우리의 아둔함과 얼마나 다른 걸까? 지구의 물질을 언제까지나 경제성장을 위한 자원으로 환원하여 이해하는 우리의 아둔함은 어떤가?

이러한 자원환원주의 멘탈리티로 살아갈 때 우리는 뉴 테크놀로지가 주는 짜릿함, 새로운 것을 제작해내며 부를 창출해내는 생산성과 창의성의 짜릿함을 만끽할 수는 있을 것이다. 하지만 우리는 그것이 가능한 전체 컨텍스트에 대한 이해나 상상을 결여한 채로만 행복할 뿐이다. 그리고 이러한 결핍은 테크놀로지와 창의성이 그리고 인간의 창의적 성취 일체가 그 전체 컨텍스트, 즉 우주와 지구라는 컨텍스트에서 어떤 의미와 가치를 지니는지에 대한 관심의 결핍과 이어져 있다.

우리의 행동, 우리의 뜻, 우리의 삶은 단지 한국사회나 인류문명이라는 집 안에서만이 아니라 지구라는 큰 집 더 나아가 우주에서도 의미 있고 가치 있는 것이어야 한다. 새로운 과학기술과 예술작품 같은 우리의 성취는 지구와 우주가, 지구와 우주의 식구들이 함께 축하해주고 기뻐하는 것이어야 참으로 가치 있다. 토머스 베리(Thomas Berry)의 말처럼 우리는 "(우리의 성취가 발견되는) 우주와 일치되는 만큼만 우리 자신이" 되며 "우주에 대한 이해를 통해서만 우리 자신을 이해할 수 있고, 저 위대한 생명 공동체 안에서만 우리의 원래 역할을 알 수" 있다.

우주와 지구를 삶의 유의미성의 근거로 생각하지 못하는 것, 그리고 우주와 지구라는 삶의 제1 컨텍스트를 잊고 살아가는 것은 우주와 지구라는 '큰 집'을 상실한, '집 없음'의 상태가 아니면 무엇이란 말인가. 우주, 지구라는 큰 컨텍스트와 자기의 실존과 삶 사이에 놓인 연결고리를 상실할 때, 그 결과 지구공동체나 그 부분 생태계가 신음하는 모습에 태연하거나 지구공동체/부분 생태계의 파괴에 즐겁게 참여하거나, 자신이 그 파괴에 참여하고 있다는 사실에 둔감하거나 무심할 때, 우리는 그저 맹목의 상태에 있는 것이 아니다. 그때 우리는 얼이 빠져 있는 상태, 정신적으로 공허한 상태, **정신적 홈리스**(homeless)의 상태에 있는 것이다. 이러한 정신적 홈리스의 상태는 어디로 가는 것이 바람직한 것인지 사실상 아무 생각이 없는 방랑과 방황의 상태에 다름 아니다.

우리는 이러한 방황을 끝내고 집에 도착해야 한다. 우주의 이야기의 한 가닥으로서만 내 삶의 이야기가 여기에 펼쳐지고 있다는 사실을 우리는 인식해야 한다.

여기 와 있는 우주와 지구를 상상하고 실감하기에 최적의 장소인 산과 숲속은 이슬을 머금고 있는 아침녘 풀잎의 미세한 떨림 같은 기적, 희망, 암시, 손짓이다.

숲에 난 길을 더듬고 더듬어 찾아가 숲에 들 때 (늘 그런 것은 아니겠지만) 우리는 숲에 푹 젖어들며 리듬동조를, 계절을, 오감각이 살아 있는 그대로 안팎 구별이 의미 없는 특이한 존재 상태를 체험한다. 그때 우리는 세 가지 집에 동시에 도착하며, 거기에 뿌리를 내린다. (인류와 개별자 자신의) 어린 시절, 안식, 지구라는 집에 도착하며 거기에 뿌리를 내리는 것이다. (물론 우리는 숲 밖에서는 가족공동체, 마을공동체, 국가공동체, 인류공동체라는 집에 뿌리를 내려야 행복할 것이다.)

숲에는 우리를 기다리는 것들이 있다. 바람에 스치는 나뭇잎 소리를 듣고 자랐던 어린 시절의 행복이, 우주의 리듬이 나 자신의 리듬이 되는 안식의 시간이, 행복감과 연대감을 동시에 불러일으키는 기적 같은 교향악적 만남이, 어디선가 온 편지처럼, 그곳에서 우리를 기다리고 있다.

참고문헌

가스통 바슐라르, 곽광수 옮김, 『공간의 시학』, 동문선, 2003

김외정, 『천년 도서관 숲』, 메디치미디어, 2015

김훈, 『자전거 여행 1』, 문학동네, 2014

로저 디킨, 박중서 옮김, 『나무가 숲으로 가는 길』, 까치, 2011

리처드 포티, 은영 옮김, 『나무에서 숲을 보다』, 소소의책, 2018

막스 셸러, 이을상 옮김, 『우주에서 인간의 위치』, 지식을만드는지식, 2012

미셸 옹프레, 강현주 옮김, 『철학자의 여행법』, 세상의모든길들, 2013

박상진, 『우리나무이름사전』, 눌와, 2019

아널드 홀테인, 서영찬 옮김, 『어느 인문학자의 걷기 예찬』, 프로젝트 A, 2016년

아도르노, 호르크하이머, 김유동 옮김, 『계몽의 변증법』, 문학과지성사, 2001

아르놀트 겔렌, 이을상 옮김, 『인간, 그 본성과 세계에서의 위치』, 지식을만드는지식, 2015

알랭 드 보통, 존 암스트롱, 김한영 옮김, 『영혼의 미술관』, 문학동네, 2013

알랭 코르뱅 외, 길혜연 옮김, 『날씨의 맛』, 책세상, 2016

야콥 폰 윅스퀼, 정지은 옮김, 『동물들의 세계와 인간의 세계』, 도서출판b, 2012

에두아르도 콘, 차은정 옮김, 『숲은 생각한다』, 사월의책, 2018

에르빈 토마, 김해생 옮김, 『나무가 자라는 모습을 보았다』, 살림, 2018

이반 일리치, 허택 옮김, 『누가 나를 쓸모없게 만드는가』, 느린걸음, 2014

이종건, 『살아 있는 시간』, 궁리, 2016

자부리 가줄, 김명주 옮김, 『숲』, 교유서가, 2019

장석준, 『사회주의』, 책세상, 2013

존 버거, 김우룡 옮김, 『모든 것을 소중히 하라』, 열화당, 2008

존 세이무어, 조동섭 옮김, 『대지의 선물』, 청어람미디어, 2014

쥘 미슐레, 정진국 옮김, 『바다』, 새물결, 2010

토마스 베리, 박만 옮김, 『황혼의 사색』, 한국기독교연구소, 2015

폴 서루, 이용현 옮김, 『여행의 책』, 책읽는수요일, 2015

프랭크 윌첵, 박병철 옮김, 『뷰티풀 퀘스천』, 흐름출판, 2018

헨리 데이비드 소로, 김욱동 옮기고 엮음, 『소로의 속삭임』, 사이언스북스, 2008

히라노 히데키 외, 한국산림치유포럼 옮김, 『산림 테라피』, 전나무숲, 2011

David Abram, *Becoming Animal*, Vintage Books, 2010

Edward O. Wilson, *The Social Conquest of Earth*, Liveright Publishing Corporation, 2012

Qing Li, *Forest Bathing*, Viking, 2018

숲의 즐거움

2020년 3월 13일 1판 1쇄 발행

지은이   우석영
펴낸이   박래선
펴낸곳   에이도스출판사
출판신고   제2018-000083호
주소   서울시 마포구 잔다리로 33 회산빌딩 402호
전화   02-355-3191
팩스   02-989-3191
이메일   eidospub.co@gmail.com
페이스북   facebook.com/eidospublishing
인스타그램 instagram.com/eidos_book
블로그   https://eidospub.blog.me/
표지 디자인 공중정원
본문 디자인 김경주

ISBN   979-11-85415-36-9   03100

이 도서의 국립중앙도서관 출판예정도서목록(CIP)은
서지정보유통지원시스템 홈페이지(http://seoji.nl.go.kr)와
국가자료종합목록 구축시스템(http://kolis-net.nl.go.kr)에서 이용하실 수 있습니다.
(CIP제어번호: CIP2020005700)